Einführung in didaktisches Denken

W0389855

WAXMANN
STUDIUM

Martin Fromm

Einführung in didaktisches Denken

Waxmann 2012
Münster / New York / München / Berlin

Bibliografische Informationen der Deutschen Nationalbibliothek
Die Deutsche Nationalbibliothek verzeichnet diese Publikation in der Deutschen Nationalbibliografie; detaillierte bibliografische Daten sind im Internet über http://dnb.d-nb.de abrufbar.

Waxmann Studium

ISSN 1869-2249
ISBN 978-3-8309-2753-2

© Waxmann Verlag GmbH, Münster 2012

www.waxmann.com
info@waxmann.com

Umschlaggestaltung: Pleßmann Design, Ascheberg
Satz: Stoddart Satz- und Layoutservice, Münster
Druck: Hubert & Co., Göttingen

Gedruckt auf alterungsbeständigem Papier, säurefrei gemäß ISO 9706

MIX
Papier aus verantwortungsvollen Quellen
FSC® C016439
FSC www.fsc.org

Printed in Germany
Alle Rechte vorbehalten. Nachdruck, auch auszugsweise, verboten. Kein Teil dieses Werkes darf ohne schriftliche Genehmigung des Verlages in irgendeiner Form reproduziert oder unter Verwendung elektronischer Systeme verarbeitet, vervielfältigt oder verbreitet werden.

Inhalt

Einleitung

Didaktik meint in ihrem weitesten Verständnis die „Wissenschaft (und Lehre) vom Lehren und Lernen“ (Dolch 1963, S. 45). Dazu, wie diese Wissenschaft zu betreiben ist und welche Aspekte des Lehrens und Lernens wie zu behandeln sind, gibt es unterschiedliche Vorstellungen und entsprechend zahlreiche mehr oder weniger spezialisierte didaktische Konzepte. Kron listet 46 Varianten (^{5}2008, S. 66) und gibt damit sicherlich noch keinen vollständigen Überblick. Vollständigkeit ist nicht das Ziel des vorliegenden Buches, weder in der historischen Rückschau (vgl. dazu Kron ^{3}2000[1]; Martial ^{2}2002; Terhart 2009) noch in der Behandlung aktueller didaktischer Zugänge.

Dieses Buch heißt „Einführung in didaktisches Denken“, weil es nicht so sehr die Ergebnisse – didaktische Konzepte – behandeln soll, sondern das Denken dahinter: Warum gibt es diese Konzepte überhaupt, welche Probleme sollen diese Konzepte bewältigen helfen? Und: Wovon hängen die unterschiedlichen Antworten auf diese Frage ab? Dazu werden exemplarisch typische Zugänge zum Lehren und Lernen und ausgewählte didaktische Positionen vorgestellt und diskutiert. Das Ziel ist am Ende nicht die genaue Kenntnis der didaktischen Modelle A, B oder C, sondern die Anregung, die eigene Position zu den hier behandelten Fragen des Lehrens und Lernens zu prüfen und zu klären – und sich davon ausgehend mit den vorliegenden didaktischen Konzepten zu befassen, die in zahlreichen Darstellungen verfügbar sind.[2]

Das vorliegende Buch ist als überarbeitete Fassung aus dem Skript zur Vorlesung „Didaktik“ an der Universität Stuttgart hervorgegangen.

---

1 Das historische Kapitel der 3. Auflage ist in der 5. Auflage nicht mehr enthalten, aber weiter unter www.reinhardt-verlag.de verfügbar.

2 Z.B. Jank/Meyer (1991); Kron (^{5}2008); Martial (^{2}2002)

1. Begriffsklärung

In der Einleitung wurde die gängige Definition der Didaktik als Wissenschaft vom Lehren und Lernen verwendet. Hier soll anders formuliert davon gesprochen werden, dass sich Didaktik damit beschäftigt, was zu bedenken ist, wenn man anderen Menschen etwas beibringen will. Je nach spezifischem Didaktikverständnis werden dabei unterschiedliche Schwerpunkte gesetzt: Darf man andere Menschen überhaupt verändern wollen? Wie kommen Lernprozesse zustande und sind sie von außen zu steuern? Wie entscheidet man, was wichtig genug ist, vermittelt zu werden? Was hilft beim Lernen? usw. Welche und wie viele dieser und anderer Aspekte ein didaktisches Konzept behandelt, ist ebenso unterschiedlich wie die Positionen, die dazu vertreten werden. Einflussreiche Konzepte mit ihren jeweiligen Positionierungen werden später noch dargestellt und diskutiert.

Hier reicht zur Vorverständigung die oben formulierte Arbeitsdefinition. An dieser Definition sind drei Aspekte wichtig: erstens die Intentionalität. Didaktik beschäftigt sich mit den Lernprozessen, die nicht schon ohne Planung und Zutun Anderer ablaufen, sondern mit denen, die ein ‚Nachhelfen' erfordern. Zweitens beschäftigt sich Didaktik mit Lernprozessen, bei denen ein Vermittler zwischen den Lernenden und die Sache tritt, nicht mit denen, die ohne diese Vermittlung stattfinden. Drittens beschäftigt sich Didaktik mit dem, was zu bedenken ist, d.h. sie liefert keine konkrete Vorlage für die Gestaltung spezieller Lern- und Vermittlungsprozesse, sondern macht Vorschläge, wie man zu einem begründeten Vorgehen gelangen kann. Didaktik nimmt also gegenüber der Praxis eine Metaperspektive ein.

Das lässt sich in der Abgrenzung zu den Begriffen „Unterrichtskonzept" und „(Unterrichts-)Methode" (bzw. Technik) verdeutlichen. Wie der Begriff „Didaktik" werden auch diese Begriffe in der Literatur in der unterschiedlichsten Weise verwendet. Was im einen Fall „Technik" genannt wird, heißt anderswo „Methode", was der eine Autor „Methode" nennt, bezeichnet ein anderer als „Didaktik" usw. Hier soll mit folgenden Unterscheidungen gearbeitet werden:

- Didaktische Konzepte sind Aussagesysteme, die eine reflektierte Entscheidung für ein bestimmtes Unterrichtskonzept vorbereiten. Sie behandeln die Voraussetzungen, die geklärt sein müssen, damit ein Unterrichtskonzept zum Einsatz kommen kann (z.B. Legitimation von Zielen, Auswahl von Inhalten, Vorstellung vom Lernen).
- Unterrichtskonzepte bieten eine Anwendungsplanung, wie nach den didaktischen Vorentscheidungen konkrete Methoden begründet und integriert zum Einsatz kommen können. Man gelangt dann z.B. auf der Basis

eines bestimmten Gesellschafts-, Persönlichkeits- und Lernverständnisses zur Entscheidung für einen projektorientierten Unterricht.

- Methoden sind einzelne konkrete Verfahrensweisen, die innerhalb eines Konzepts zur Anwendung kommen, etwa eine Partnerarbeit, ein Lehrervortrag oder ein Schülerexperiment. Diese Methoden können einerseits innerhalb eines Unterrichtskonzepts in unterschiedlichen Kombinationen und Gewichtungen zur Anwendung kommen, können andererseits auch in verschiedenen Konzepten Verwendung finden.

Grafisch lässt sich die Relation von didaktischen Konzepten, Unterrichtskonzepten und Methoden so veranschaulichen:
Dabei ist zweierlei wichtig:

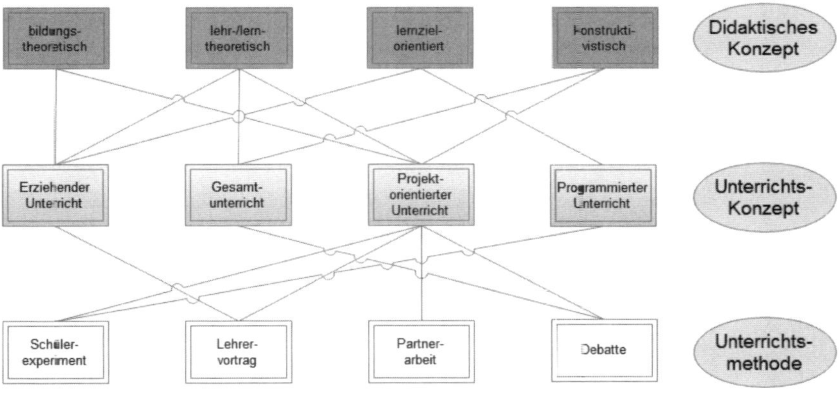

Abbildung 1: Didaktisches Konzept/Unterrichtskonzept/Unterrichtsmethode

- Zwischen didaktischen Konzepten und Unterrichtskonzepten sowie Unterrichtskonzepten und Unterrichtsmethoden bestehen keine 1:1-Relationen. Ein Lehrervortrag kann z.B. in verschiedenen Unterrichtskonzepten sinnvoll zum Einsatz kommen – dann allerdings mit jeweils anderen Begründungen, Inhalten und an anderen Stellen im Prozess.
- Die Zuordnungen zu den einzelnen Ebenen und die Differenzierungen auf den einzelnen Ebenen sind nicht trennscharf. Ob etwas nur eine Methode oder schon so komplex ist, dass man besser von einem Unterrichtskonzept sprechen sollte, ist oftmals Ermessensfrage. Ebenso schließen manche Unterrichtskonzepte grundsätzlichere didaktische Überlegungen ein, so dass dann verhandlungsfähig ist, ob man von einem didaktischen oder einem Unterrichtskonzept reden sollte. Die hier gewähl-

te Differenzierung liefert also eine Orientierung, aber keine zweifelsfreie Zuordnung einzelner Methoden oder Konzepte – dafür sind diese zu vielschichtig, nicht selten auch nur zu vieldeutig.

2. Voraussetzungen didaktischen Denkens

Wenn wir uns darüber Gedanken machen, wie anderen Menschen etwas beigebracht werden kann, haben wir bereits explizit oder implizit ein paar Vorentscheidungen getroffen, ohne die das didaktische Nachdenken sinnlos wäre. Diese Vorentscheidungen sind keineswegs selbstverständlich und in der Geschichte auch höchst unterschiedlich gefällt worden. Deshalb soll auf diese wichtigen Voraussetzungen, die man bei jedem didaktischen Denken immer schon macht, im Folgenden ausführlicher eingegangen werden. Vorausgesetzt werden muss, dass

- Beibringen *notwendig* ist, Lernen nicht oder nicht in der erforderlichen Weise von selbst stattfindet.
- Beibringen *möglich* ist – persönliche Veränderungen sich nicht nur schicksalhaft einstellen.
- Beibringen *zulässig* ist – und nicht nur das Hoffen darauf, dass sich Veränderungen durch glückliche Fügung von allein einstellen.

Wer sich also nicht zutraut, verändernd auf andere Menschen einzuwirken, es nicht für statthaft oder für überflüssig hält, muss sich auch keine Gedanken zur Didaktik mehr machen. Insofern sind dies grundsätzliche Vorentscheidungen aller didaktischer Konzepte. Allerdings gehen die Vorstellungen davon, welche Einflussnahmen wann bei wem in welcher Weise notwendig, zulässig und möglich sind, nicht nur im historischen Rückblick, sondern auch im Vergleich aktueller didaktischer Konzepte erheblich auseinander.

2.1 Notwendigkeit

Didaktik ist die Antwort auf ein tatsächliches oder zumindest angenommenes Defizit, dass die Menschen nicht werden, was sie werden können und sollen, wenn man sie biologischen Entwicklungstendenzen und zufälligen Umwelterfahrungen überlässt. Prägnant mit Langeveld formuliert: „Der Mensch ist Aufgabe, keine Naturtatsache“ (^{3}1968, S. 38). Damit meint er natürlich nicht den Menschen als physisch-physiologischen Organismus, sondern den Menschen, der seine artspezifischen Möglichkeiten nicht entwickelt, wenn er nicht durch Andere gefördert wird. In den Worten Gehlens:

> „In bezug auf die Ausreifung der Organe, der Bewegungsleistungen, der Sinnesleistungen, in bezug auf die Ausbildung der artbesonderen, also menschlichen Kommunikation und Signalgebung, näm-

> lich der Sprache, muß das neugeborene Kind als eine normalisierte, typisierte Frühgeburt aufgefaßt werden." (Gehlen 1961, S. 20)

Das Besondere hieran sind nicht die Reifungs- und Lernprozesse, die nach der Geburt noch erforderlich sind, auch nicht, dass das Neugeborene ohne Hilfe nicht lebensfähig wäre. Das gilt für höherentwickelte Tiere ebenfalls. Das Besondere sind Ausmaß und Art der erforderlichen Lernprozesse. Die Ausgangssituation des Menschen, die man je nach Betrachtungsweise als „Weltoffenheit" (Gehlen 1961, S. 17) oder „Verführbarkeit" (S. 23) sehen kann, charakterisiert Kant so:

> „Ein Tier ist schon alles durch seinen Instinkt; eine fremde Vernunft hat bereits alles für dasselbe besorgt. Der Mensch aber braucht eigene Vernunft. Er hat keinen Instinkt, und muß sich selbst den Plan seines Verhaltens machen. Weil er aber nicht sogleich imstande ist, dieses zu tun, sondern roh auf die Welt kommt: so müssen es andere für ihn tun." (1963, S. 9)

Dem Menschen als instinktverunsichertem Mängelwesen stehen die regulativen Mechanismen, die dem tierischen Verhalten Sicherheit geben, nicht (mehr) zur Verfügung. Er ist daher in besonderem Maße lernbedürftig. Das gilt insbesondere für die Ausbildung der angesprochenen arttypischen Möglichkeiten der sprachlichen Kommunikation und des Gebrauchs der Vernunft.

Während die besondere Lernbedürftigkeit des Menschen unstrittig ist, variieren die Vorstellungen, welche Lernprozesse in welchem Ausmaß erforderlich sind, um den Menschen zum Menschen zu machen, historisch ganz erheblich. Ebenso, *wer* als lernbedürftig und lern,würdig' angesehen wurde und wird. Am Beispiel: Lesen und schreiben zu können, galt bis ins 18. Jahrhundert für die Mehrheit der Bevölkerung als entbehrlich und auch danach von staatlicher Seite aus immer noch als problematisch. Denn das Lesen erweiterte ja potentiell das Weltverständnis der Untertanen und konnte sie damit auch auf kritische Gedanken bringen und ein „unruhiges, zweckloses und veränderungssüchtiges Treiben" (Ueber den Begriff der Volksschule, 1825, S. 29) fördern. Entsprechend schien es geboten, ihnen nur das Nötigste beizubringen. Während hier ein machtpolitisches Motiv das Lesen als problematisch erscheinen lässt, war es bei Sokrates (vgl. Vollbrecht 2001, S. 13f.) die Sorge, das Lesen könne in der Vorstellung des Lesenden Scheinwelten erzeugen.

Die Gründe, warum es als notwendig oder gerade nicht als notwendig angesehen wird, dass Menschen etwas Bestimmtes lernen, sind vielfältig, historisch variabel – und selten pädagogisch fundiert. Politische, wirtschaftliche oder religiöse Gründe stehen vielmehr im Vordergrund. So ist dann z.B. einmal mit dem ‚Wesen' der Frau nicht zu vereinbaren, wenn sie bestimmte Dinge lernt oder überflüssig, weil sich ihre Aufgaben ja doch auf den Haushalt beschränken, dann wieder erscheint es wirtschaftlich notwendig, sie für Naturwissenschaften und Technik zu interessieren, wie das aktuell der Fall ist.

Besonders heftige und z.T. erbitterte Auseinandersetzungen hat es immer wieder in der Frage gegeben, ob der Mensch nicht nur Kenntnisse und Fähigkeiten, sondern auch Haltungen und Einstellungen vermittelt bekommen müsse. Für die Pädagogik geht es dabei um die Differenz zwischen Unterricht (oder anspruchsvoller: Bildung) und Erziehung. Während für den Erwerb von Kenntnissen und Fertigkeiten das Lernen durch Erfahrung und Umgang, wie Herbart (1952, S. 81ff.) die nicht intentionalen Lernprozesse bezeichnete, als nicht ausreichend angesehen wird, ist in der Vergangenheit immer wieder optimistisch das Gute im Menschen beschworen worden, das sich quasi als Ergebnis einer ungestörten Reifung einstelle. Erziehung ist danach nicht notwendig, mit Rousseau formuliert muss man vielmehr sogar „verhindern, dass etwas getan wird" (1972, S. 14). Dagegen betont z.B. Kant ganz entschieden die Notwendigkeit der Erziehung: „Der Mensch ist das einzige Geschöpf, das erzogen werden muß" (1963, S. 9).

Hier muss die Überzeugungskraft der unterschiedlichen Einschätzungen nicht weiter interessieren. Wesentlich für die Voraussetzungen didaktischen Denkens ist hier allein, dass eine Diskrepanz zwischen IST und SOLL angenommen werden muss, die nicht durch Reifung, Imitation, Übung und Versuch-und-Irrtum-Lernen verschwindet.

Grob lässt sich sagen, dass Reifungs- und nicht intentionale Lernprozesse dann nicht mehr ausreichen, wenn von den kompetenten Mitgliedern der Gemeinschaft Fähigkeiten erwartet werden, die nicht mehr durch reine Anschauung versteh- und imitierbar sind, sondern komplexer begründet und organisiert sind und die längerfristige, präzise gestufte Vorbereitung verlangen.

Das war in der Zeit der sogenannten Aufklärung im 18. Jahrhundert mit ihren weitreichenden politischen, wirtschaftlichen, religiösen und sozialen Umbrüchen in besonderem Maße der Fall. In diesen Jahrzehnten wird in den deutschen Teilstaaten schrittweise die allgemeine Schulpflicht eingeführt. In den staatlichen Verordnungen wird mitunter recht deutlich die Notwendigkeit dieser Maßnahme begründet. In der Braunschweigischen Schulordnung von 1753 etwa heißt es:

„§ 16. Die Kinder kommen überhaupt unwissend auf die Welt, und wenn sie ohne Unterricht und Anweisung aufwachsen sollten, so würde zwischen ihnen und dem Vieh kein großer Unterschied sein. (…) Sie müssen unterrichtet werden, wenn sie in den Stand gesetzt werden sollen, ihre leibliche oder äußere und geistliche oder ewige Wohlfahrt zu befördern. (…)
§ 17. Nicht alle, ja die wenigsten Eltern sind selbst imstande, ihre Kinder so zu unterrichten, wie es ihre Pflicht mit sich bringt und die Wohlfahrt der Kinder erfordert. Sie haben entweder die dazu notwendige Fähigkeit nicht, oder die äußeren Umstände, in welchen sie stehen, halten sie davon ab und hindern sie an diesem wichtigen und nötigen Geschäfte. (…)
§ 18. Schulen sind also notwendig, und ihre Notwendigkeit gründet sich teils auf die Unfähigkeit einiger Eltern, das zu tun, was sie doch zu tun schuldig sind, teils auf die Unmöglichkeit, die sich bei anderen findet, dieses Geschäft vorzunehmen, wenn sie gleich die nötige Fähigkeit und Geschicklichkeit haben.“ ([2]1972, S. 139)

2.2 Möglichkeit

Planmäßige Einwirkung auf andere setzt den Glauben voraus, dass Veränderung durch Einflussnahme von außen möglich ist. Dazu sind Persönlichkeitsvorstellungen notwendig, die den Menschen als steuerbar durch externe Faktoren ansehen. Vorstellungen, die etwa die Entwicklung oder sogar das Lebensschicksal eines Menschen als vorbestimmt ansehen, lassen je nach Ausprägung nur eingeschränkten Raum für planmäßige didaktische Interventionen.

Auch in der Frage der Determiniertheit der Menschen gibt es geschichtlich sehr unterschiedliche Vorstellungen. Am einen Extremende stehen Vorstellungen, die von einer weitestgehenden Plastizität und Formbarkeit des Menschen ausgehen, ihn gewissermaßen als unbeschriebenes Blatt ansehen. Diese Vorstellung einer letztlich unbedingten Machbarkeit des Menschen geistert immer wieder durch die pädagogische Literatur und ist in der Regel verbunden mit der Hoffnung, man könne durch geduldige Erforschung von Lernprozessen letztlich zu weitgehenden generellen Prognosen und technologischen Aussagen gelangen.

Ein Beispiel hierfür sind Vorstellungen der Herbartianer in der zweiten Hälfte des 19. Jahrhunderts, planmäßig tugendhafte Menschen produzieren zu können. Nach ihrer Sicht bestimmen „unwandelbare Geistesgesetze“ (Ziller 1865, S. 177), wie sich Vorstellungen und die damit verbundenen

Empfindungen entwickeln und verändern. Bei ausreichender Kenntnis dieser Geistesgesetze halten sie dann genau kalkulierbare gezielte Eingriffe in die Geistesmechanik der Schüler wie in eine im „Umschwung begriffene Maschine“ (ebd. 1865, S. 255, 252; vgl. a. S. 91) für möglich. Für diese Eingriffe gibt es entsprechend den Geistesgesetzen ein „einziges, allgemein gültiges, völlig angemessenes Verfahren“ (S. 177), das dann den Schüler „in die Notwendigkeit versetzt, in einer bestimmten Richtung fortzugehen“ (1985, S. 27). Ein guter Charakter ist damit planmäßig machbar.

Ähnlich weitreichende Erwartungen verbanden sich dann mit der psychologischen und pädagogischen Nutzbarmachung der lernpsychologischen Forschung des frühen 20. Jahrhunderts. So soll Pawlow gesagt haben:

> „Da haben wir sie, die Wahrheit … die seelische Tätigkeit hat sich als handlich erwiesen. Man kann mit ihr machen, was man will.“ (nach Thomae/Feger 1969, S. 39)

Von Watson wird die Aussage zitiert:

> „Gebt mir ein Dutzend gesunde Kinder und von mir vorgegebene Rahmenbedingungen, unter denen Sie aufgezogen werden können, und ich garantiere, daß ich zufällig eines auswählen und es zu einem beliebigen Spezialisten machen kann –, Arzt, Anwalt, Künstler, Kaufmann und – ja – sogar zum Bettler und Dieb, unabhängig von seinen Talenten, Vorlieben, Fähigkeiten, Berufungen, Rassenzugehörigkeit oder Vorfahren.“ (nach Henningsen 1974, S. 19)

Aktuell werden zumindest in der medialen Darstellung derartige Hoffnungen auf der Basis der Neurowissenschaften gefördert, die die Aussicht zu bieten scheinen, den Geist quasi bei der Arbeit beobachten, analysieren und letztlich gezielt steuern zu können (vgl. kritisch dazu: Schlüter/Langewand 2010; Herrmann ^{2}2009).

Im Extrem steht auf der anderen Seite die Vorstellung, dass Menschen gewissermaßen wie Pflanzen und Tiere ihre Anlagen entfalten und auch ein Sensorium dafür haben, was ihren Anlagen entspricht. Das bedeutet, dass die Menschen schon wissen, was für sie gut ist und Situationen aufsuchen, die ihnen in ihrer Entwicklung gut tun. Man könnte hier von einem Instinkt für förderliche Lernumgebungen und relevante Umweltreize sprechen. Vorstellungen dieser Art finden sich z.B. bei Berthold Otto oder bei Maria Montessori. Pädagogische Einflussnahme beschränkt sich bei solchen Voranahmen darauf, die ‚natürliche‘ Entwicklung nicht zu behindern.

Zwischen diesen Extremen liegen Vorstellungen, die zwar die Möglichkeit unterstellen, Lernprozesse von Menschen zu beeinflussen, dabei aber praktische Grenzen einräumen. Diese Grenzen bestehen darin, dass man zu wenig über Lernprozesse und geeignete Fördermaßnahmen weiß oder die relevanten Einflussgrößen (etwa Medien, Familie) nicht ausreichend kontrollieren kann.

Spranger kam nach seinen Überlegungen zu den unbeabsichtigten Nebenwirkungen in der Erziehung zu dem Schluss, dass „die Versuchung, pädagogische Einwirkungen als kausale Nötigungen zu betrachten, kaum noch aufkommen" könne (^{2}1965, S. 68). Mehr noch:

> „Wir erreichen den Gipfel unserer Überlegungen erst dann, wenn wir uns eingestehen, daß das Mißraten unserer Pläne und das Auftreten von störenden Faktoren zum W e s e n der Erziehung gehört" (S. 78).

Die Grenzen planmäßiger Veränderung von Heranwachsenden durch pädagogische Maßnahmen werden insbesondere dort deutlich – und von Pädagogen auch mehr oder weniger bereitwillig eingeräumt –, wo es nicht um die Vermittlung von Fertigkeiten und Kenntnissen, wie z.B. (s.o.) dem Lesen, geht, sondern um Maßnahmen, die gezielt Bereitschaften, Einstellungen und Haltungen, also den Charakter von Menschen verändern sollen.

Die nur begrenzten pädagogischen Einflussmöglichkeiten veranschaulichen die folgenden Beispiele:

> „Eine Klasse, mit der eine Einheit ‚Parlamentarische Demokratie' erarbeitet worden war, ließ jeden Transfer auf das persönliche Verhalten vermissen. Zu der Zeit, als die Lernziele zur Regelung von Konflikten rational abfragbar erreicht worden war, fieberten die Schüler einer formidablen Schlägerei mit einer hiesigen Rockerbande entgegen." (Hüske 1973, S. 361)

Herndon berichtet von folgendem Erlebnis in einer Schule:

> „Fran, meine Frau, besuchte eines Morgens die Elementarschule von Tierra Firma, wo unsere Kinder hingehen und blieb schließlich den ganzen Tag. Sie war hell entsetzt über die Szenen auf dem Spielplatz. Offenbar rannten alle Kinder (vom Kindergartenalter bis zur sechsten Klasse) nur herum und brüllten **umbringen** und **ermorden** und **zusammenschlagen** und **doof** und **Schwachkopf**

und **Arschloch**; und zwei Kinder hielten einen Jungen fest, während ein dritter ihn in den Bauch boxte (zufällig ist es Jay, unser Ältester, der geboxt wird); und zwei kleine weiße Kinder wollen nicht, daß ein größeres schwarzes Kind mit ihnen Fußball spielt, also beginnt das schwarze Kind, sie zu verprügeln, und als die Aufsichtslehrerin herüberkommt, sind sie alle drei patzig zu ihr und rennen weg und sie kann sie nicht einholen; und eine andere, große Gruppe von Kindern bewirft sich mit Bällen, und sie schmeißen die Bälle so wuchtig und gemein direkt den anderen an die Köpfe, daß einige von ihnen weinen, und andere Kinder laufen weinend herum; und dann gibt es einen weiteren Schwarm von Kindern, die furchtsam am äußersten Rand des Spielplatzes stehen und nur bemüht sind, sich aus allem herauszuhalten.
Zurück in der Klasse, nach der Mittagspause, beobachtete Fran, wie die besorgten Lehrerinnen mit den Kindern darüber zu diskutieren versuchen, auf welche Weise man andere Menschen behandeln muß und wie es mit der Gewalt und dem Beschimpfen ist – und plötzlich, erzählt Fran, sind diese Biester allesamt nette, ordentliche, großartige weiße Mittelklasse-Sprößlinge, selbst wenn gelegentlich ein Schwarzer darunter ist, und sie reden über gleiches Recht für alle und daß man die Rechte der anderen achten müsse und sich nicht von unkontrollierten Impulsen hinreißen lassen dürfe, und Krieg etwas Schlechtes und eigentlich jeder irgendwie gescheit ist (sogar die beschissenen Schwachköpfe), und daß in einer Demokratie jeder für seine eigenen Handlungen verantwortlich sein muß. Sie wissen alle genau, was sie zu sagen haben!“ (1972, S. 70f)

Solche und vergleichbare Erfahrungen bringen v. Hentig zu der Einschätzung, daß die Schule damit gründlich überfordert werde, gegen „Sozialisation“, also die immer schon ablaufenden erzieherisch relevanten Abläufe im ‚Leben draußen‘, anzuerziehen (1973, S. 30):

„… durch Schule allein, auch wenn sie den ganzen Tag dauert, wird sich immer nur ein Teil des Menschen verändern – und es wird meist nicht der sein, der unbedingt geändert werden sollte.“

Warum aber gehen die Annahmen der Pädagogen über die Wirksamkeit planmäßiger Erziehung in dieser extremen Weise auseinander? Prinzipiell handelt es sich ja um eine Frage, die empirisch und nicht nur spekulativ beantwortbar sein sollte. Ein wesentlicher Grund liegt in der Komplexität menschlicher Lernprozesse. Eine planmäßige Einwirkung auf diese Prozesse lässt sich weder präzise operationalisieren noch in ihrer Wirkung klar von anderen Einflüssen isolieren, die gleichzeitig immer mit wirksam sind. Als Beispiel stelle man sich bei der Rückgabe einer schlecht ausgefallenen Klassenarbeit die Ermahnung eines Lehrers an einen Schüler vor, in Zukunft seine Aufgaben gewissenhafter zu erledigen. Zunächst ist schon schwer zu bestimmen, was denn genau die erzieherische Maßnahme ist. Allein die Wiedergabe der Lehreräußerung reicht hier offensichtlich nicht aus. Wesentlichen Anteil an dem Eindruck dieser Äußerung auf den Schüler wird vielmehr das begleitende nonverbale Verhalten haben, mit dem der Lehrer einerseits den Inhaltsaspekt der Aussage möglicherweise modifiziert, andererseits etwas über die Beziehung zum Schüler ausdrückt (vgl. Watzlawick u.a. 1969). Weiter ist für die Bedeutung der Lehreräußerung der Kontext wesentlich: Wie äußert der Lehrer sich in vergleichbaren Situationen, wie ist der zeitliche, soziale Kontext der gegenwärtigen Äußerungen? Welche Vorgeschichte hat die Situation, in der diese Äußerung fällt? In Abhängigkeit von all diesen Randbedingungen kann die Lehreräußerung als Routineäußerung vollkommen unbeachtet bleiben, aber auch spektakulären Charakter haben; und dies wieder positiv wie negativ: Sie kann für außergewöhnliche Zuwendung oder enttäuschendes Unverständnis stehen.

Weiter steht diese Einwirkung nicht allein, ist vielmehr eingebettet in zahlreiche andere personale und materielle Einflüsse, die dieser Einwirkung vorangehen, sie begleiten und ihr folgen, etwa eine ähnliche Ermahnung der Mutter am Vortag, die Beschwerde der Freundin, man sehe sich zu selten usw. Diese Einflüsse mögen gleichsinnig in der Wirkung sein oder auch entgegengerichtet, möglicherweise auch zu verschiedenen Zeiten und in verschiedenen Konstellationen in variierendem Maße sich zwischen Gegenwirkung und Unterstützung bewegen.

Schließlich ist die Frage, woran man denn eine Wirkung der oben angenommenen Lehreräußerung erkennt? Üblicherweise zielen pädagogische Maßnahmen nicht oder nicht ausschließlich auf unmittelbare Veränderungen: Wann also muss/kann die Wirkung eintreten? Darüber hinaus zielen viele pädagogische Maßnahmen im Kern auf innere Prozesse, die quasi hinter dem beobachtbaren Verhalten stehen. Da Veränderungen von Kognitionen sich nicht 1:1 in Verhaltensänderungen niederschlagen, stellt sich hier die Frage brauchbarer Indikatoren für Erziehungswirkungen. Schließlich ist in den meisten Fällen erzieherischen Handelns durchaus offen, in welcher Weise die heutige pädagogische Einflussnahme irgendwann einmal wirksam und erfolgreich sein kann. „Mündigkeit“ als Leitidee zielt ja gerade nicht darauf, dass jemand sich einer bestimmten Schablone anpasst, sondern situativ über die Angemessenheit verschiedener Handlungsalternativen entscheidet. Im obigen Fall wäre etwa die Frage, ob als Wirkung der Ermahnung zu verstehen ist, wenn der Schüler von der nächsten Party früher als üblich nach Hause geht, wenn er seinen Schreibtisch aufräumt usw. Genaue Spezifizierungen sind vorab wenig sinnvoll und in vielen Fällen unmöglich, weil jeweils von einer ganzen Reihe unterschiedlichster Randbedingungen abhängt, welches Handeln in einer Situation als angemessen und als Erfolg einer Maßnahme gelten kann.

All diese Faktoren machen den Nachweis pädagogischer Wirksamkeit extrem schwierig. Das Ergebnis sind üblicherweise auch (bzw. gerade) bei sorgfältigen Evaluationsstudien Wahrscheinlichkeitsaussagen, die unter einer ganzen Reihe methodischer Vorbehalte formuliert werden. Daran haben Jahrzehnte ausgedehnter Lehr-/Lernforschung nichts geändert. Und es besteht auch keine begründete Aussicht, dass sich hieran in der Zukunft etwas ändern wird (vgl. z.B. Terhart 1978).

Diese Situation erlaubt zwar einerseits kaum einmal unstrittige Aussagen über pädagogische Wirkungen, lässt aber auf der anderen Seite, da nicht widerlegbar, Raum für Folklore und Phantasieprogramme der unterschiedlichsten Art. Entsprechend pendeln Annahmen über Wirkungen planmäßiger Erziehung zwischen dem Extrem, man könne bei genauer Untersuchung überhaupt keine Wirksamkeit pädagogischen Handelns zweifelsfrei nachweisen und dem anderen Extrem, man könne aber auch weitreichende, langfristige und sehr vermittelte Wirkungen nicht ausschließen.

2.3 Legitimität

Die Frage danach, was anderen Menschen wie vermittelt werden sollte, setzt offensichtlich voraus, dass die Einflussnahme auf andere Menschen als berechtigt angesehen wird. Wer diese Berechtigung verneint, muss sich keine Gedanken zur Didaktik mehr machen – jedenfalls nicht zur eigenen. Didaktische Reflexion beschränkt sich dann auf die Analyse vorfindlicher pädagogischer Praxis und Konzepte oder auf die nachträgliche Analyse bereits abgelaufener Vermittlungsprozesse.

Am wirkungsvollsten ist allerdings eine Legitimierung, die überhaupt nicht explizit thematisiert wird, sondern selbstverständlich und unbefragt festlegt, was man tut oder lässt. Die Frage nach Alternativen und Begründungen stellt sich dann gar nicht. Dieses komfortable Agieren ohne lästige Nachfragen macht es für diejenigen, die entscheiden, sich aber Begründungen ersparen wollen, immer wieder reizvoll, Entscheidungen als quasi naturwüchsige Abläufe zu behandeln, solange es denn geht.

Das gilt auch für den Bildungsbereich. Einschlägige Formulierungen in pädagogischen Texten sind etwa, etwas sei „aufgegeben", „nicht hintergehbar", „zwingend", „unabweisbar" oder „kann nicht anders sein, als …". Die Gemeinsamkeit dieser und ähnlicher Floskeln besteht darin, über die Tatsache, dass hier von Personen mehr oder weniger begründet etwas entschieden wird, hinwegzutäuschen. Im Verfahren fallen diese Entscheider damit in die Gewohnheiten der Herrschenden zurück, die in der Aufklärungszeit des 18. Jahrhunderts in die Kritik geraten waren. Im Katholischen Schulreglement für Schlesien von 1765 hieß es z.B. noch:

> „Wir, Friedrich von Gottes Gnaden, König in Preußen usw. usw. verfügen hiermit zu wissen, (…) Um … die … gesuchte Zuziehung besserer und für den Staat brauchbarer Untertanen Unserem Endzweck gemäß, auch bei Unsern römisch-katholischen Untertanen zu erhalten, haben Wir allergnädigst zu verordnen befunden." (aus: Dietrich/Klink 1972, S. 155)

Die Begriffe haben sich geändert, aber wenn heute jemand schlicht feststellt, dass irgendetwas nicht anders sein könne, verordnet er nicht anders als in diesem Zitat verbindlich seine Sicht der Dinge.

Nun ist zwar im Grundsatz nicht strittig, dass die Elterngeneration der nachwachsenden Generation etwas beibringen dürfen sollte. Die Gründe, warum man dazu berechtigt ist – um die Moralisierung der Menschheit oder die internationale Wettbewerbsfähigkeit zu fördern –, wechseln allerdings historisch ebenso wie die Vorstellungen davon, in welchem Maße in das Leben der Heranwachsenden eingegriffen werden darf.

Schleiermachers 1826 gestellte Frage, wie es denn gerechtfertigt werden könne, dass man von den Heranwachsenden die Opferung eines gegenwärtigen Augenblicks für einen zukünftigen verlange (vgl. ^{2}1964, S. 84), ist zwar weiterhin berechtigt, sie wird aber kaum einmal explizit beantwortet und dann überwiegend nicht pädagogisch – typisch sind eher Verweise auf vermeintliche Sachzwänge, Gewohnheiten oder wirtschaftliche Notwendigkeiten.

Kurz: Didaktisches Denken setzt zwar voraus, dass man sich für befugt hält, anderen Menschen etwas beizubringen. Worauf sich diese Überzeugung gründet, wird aber kaum einmal thematisiert oder gar problematisiert.

3. Das didaktische Bedingungsgefüge

Die minimal erforderlichen Grundbestandteile des Vermittlungsprozesses, in dem einem Menschen von einem anderen etwas beigebracht wird, sind offensichtlich der Inhalt, der vermittelt werden soll, die Person, der etwas beigebracht werden soll, und derjenige, der es beibringt. Das Beschreibungsmodell dieses minimalen Bedingungsgefüges ist das sogenannte „Didaktische Dreieck“.

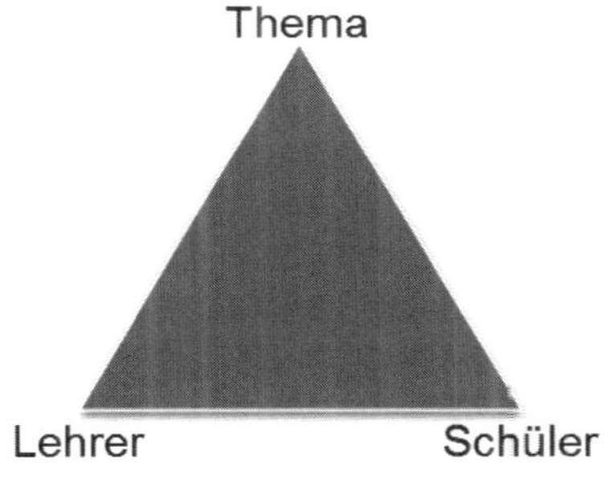

Abbildung 2: Didaktisches Dreieck

Natürlich lässt sich dieses Bedingungsgefüge beliebig ergänzen und differenzieren. Der Reiz des didaktischen Dreiecks besteht aber gerade in der Reduktion und Konzentration auf die notwendigen Bestandteile.

Eine Ergänzung soll hier allerdings doch vorgenommen werden, die um den Rahmen, in dem diese Vermittlung stattfindet, im Schaubild symbolisiert durch den Kreis um das Dreieck herum. Er beinhaltet alle Rahmenbedingungen, unter denen Unterricht stattfindet.

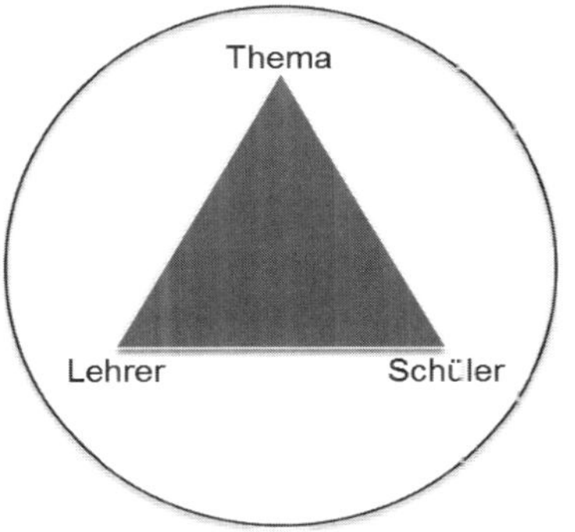

Abbildung 3: Didaktisches Dreieck/Rahmen

3.1 Der Rahmen

Das didaktische Dreieck befasst sich in seiner Grundform mit der Beziehung zwischen Inhalt, Lernendem und Vermittelndem. Wie diese Beziehung gestaltet werden kann, ist allerdings beeinflusst oder sogar weitgehend festgelegt durch die Rahmenbedingungen, unter denen Lernender und Vermittler zusammenkommen. Didaktische Reflexion fragt danach, welche Einflüsse das sind und wie sie die Vermittlungsarbeit beeinflussen. Genauer wäre allerdings: Sie müsste sich damit befassen, hat das erstaunlich oft nicht getan.

Für uns heute ist die professionalisierte und institutionalisierte Vermittlung von Kenntnissen und Haltungen selbstverständlich, dass Kinder zur Schule gehen, Erwachsene Schulungen mitmachen und hierfür natürlich Fachleute zuständig sind, die in speziellen Studiengängen und Ausbildungen gelernt haben, begründete Konzepte für solche Maßnahmen zu entwickeln und durchzuführen. Um die Nicht-Selbstverständlichkeit didaktischen Denkens deutlich zu machen, ist es hilfreich, in der Zeit bis zum Beginn didaktischen Denkens zurückzugehen – und sich dann anzusehen, was sich seither geändert hat.

In Darstellungen der historischen Entwicklung der Pädagogik/Erziehungswissenschaft und speziell der Didaktik gibt es so etwas wie die Stunde Null, zu der planmäßige Erziehung und Unterricht notwendig wurden. Davor waren sie nicht erforderlich, was man wissen, tun und empfinden musste, konnte man durch das Leben im jeweiligen sozialen Kontext durch Umgang und Erfahrung erwerben.

Üblicherweise wird der Zeitraum, in dem dieser Übergang stattgefunden hat, mit der Epoche der Aufklärung angegeben, die in Europa grob vom Beginn bis zum Ende des 18. Jahrhunderts eingegrenzt werden kann. Solche Festlegungen sind natürlich grundsätzlich verhandlungsfähig: Irgendwo gibt es immer Vorläufer, Vorformen, Varianten, Modifikationen. Das bedeutet: Derartige Eingrenzungen sind nur durch Vereinfachung und selektive Ignoranz zu haben. In Abhängigkeit davon, welche Kriterien man anlegt, kann man die Geschichte der Didaktik ebenso gut auch früher oder später beginnen lassen.

Welche historischen Vorläufer man für erwähnenswert und stilbildend ansieht, hängt natürlich auch davon ab, wie weit oder eng man das Didaktikverständnis wählt. Wenn man beispielsweise nur die begründete Auswahl von Inhalten zur Aufgabe der Didaktik rechnet, wie das in der didaktischen Analyse der frühen bildungstheoretischen Didaktik der Fall war, wird man andere (und weniger) Vorläufer finden als im Fall eines weiteren Verständnisses, das auch die Beschäftigung mit Medien, Methoden usw. einbezieht.

Hier wurde Didaktik als ein wissenschaftliches Aussagesystem eingeführt, das sich auf einer Metaebene mit der Vermittlung und dem Lernen befasst. Danach ist Didaktik noch nicht die Vermittlung von etwas, auch nicht allein ein Verfahren der Vermittlung, sondern die Reflexion darüber. Didaktisches Denken beginnt entsprechend dort, wo sich die Vermittlung über das Vormachen und Nachmachen hinausentwickelt und eine Metabetrachtung darüber einsetzt, was wie vorzumachen und nachzumachen wäre. Dazu gehört nicht nur die Angabe und Durchsetzung einer verbindlichen Vorschrift „So machen wir das hier!“, sondern die Reflexion darüber, was man wie vermitteln will.

Wenn Didaktik so definiert wird, haben vor jeder didaktischen Reflexion immer schon unzählige Vermittlungsprozesse stattgefunden und finden weiter ohne jede Didaktik statt. Und das gilt nicht nur für den menschlichen Bereich. Je höher die Entwicklungsstufe bei Tieren ist, desto unfertiger, schutzbedürftiger und auf Anleitung angewiesener kommen sie zur Welt. So müssen z.B. Raubtierjunge von ihren Eltern lernen, wie man jagt. Und wie es geht, wird ihnen nicht nur modellhaft vorgemacht, sondern z.B. auch durch bereits geschwächte Beute zur Übung vorgegeben. Der Zweck ist klar, der Ablauf zweckentsprechend, aber eben nicht reflektiert – und daher auch nur in sehr engen Grenzen, aber nicht prinzipiell variabel.

Auch für den menschlichen Bereich gilt: Sehr viele Vermittlungsprozesse, zunächst insbesondere in der Familie, laufen vorbewusst routinemäßig (im Tierreich: instinktiv) ab, ohne Planung und erst recht ohne Metabetrachtung. Kinder lernen durch den Umgang (wie Herbart es formuliert hätte), was man wie tut und sagt. Dieser Prozess ist üblicherweise von Versuch und Irrtum geprägt, d.h.: durchsetzt mit Fehlern und Peinlichkeiten. Nur ein kleiner Teil dessen, was man vermitteln will, ist auch intendiert und ein noch kleinerer Teil auf einer Metaebene reflektiert. Das gilt nicht nur für historische Epochen, nicht nur für nicht professionalisierte Vorgänge der Vermittlung, wie sie z.B. in der Familie stattfinden, sondern generell. Das gilt auch für im höchsten Maße reflektierte und konstruierte Vorgänge, wie z.B. Lehrproben im Rahmen der Lehrerausbildung. Auch dort ist der didaktisch reflektierte Anteil gewissermaßen nur die Spitze des Eisbergs.

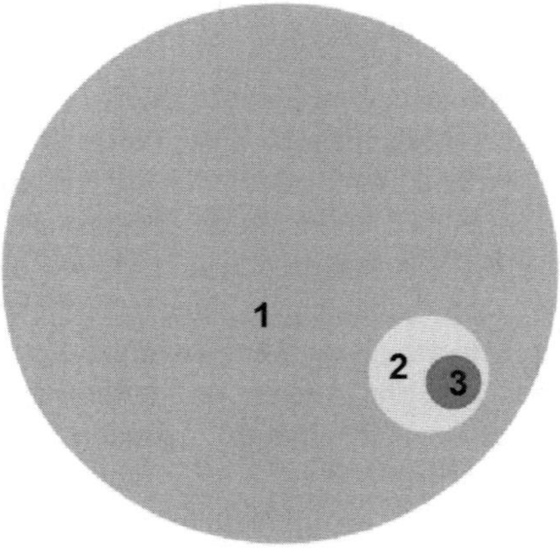

Abbildung 4: Anteil didaktisch reflektierter Vermittlung

Die Grafik oben soll das Verhältnis der vorbewussten (1) zu den bewussten und geplanten (2), und schließlich zu den didaktisch reflektierten Vermittlungsprozessen (3) illustrieren. Dabei ist vor allem eines sicher: Der Anteil der reflektierten Prozesse wäre maßstabsgerecht, weil zu selten, kaum abzubilden.

Das bedeutet auch: Erfolgreiche Lern- und Vermittlungsprozesse hängen weder davon ab, dass sich jemand etwas dabei gedacht hat, noch davon, dass sie einer professionellen Metareflexion unterzogen wurden. Aber: Wo es darauf ankommt, einzelne Vorgänge aufeinander abzustimmen, und erst recht, wo Gewohnheiten und Routinen sich als unzureichend erwiesen haben und überwunden werden sollen, kommt die Vermittlung ohne Planung und zumindest rudimentäre didaktische Reflexion nicht aus. Kant formuliert das so:

> „Alle Erziehungskunst, die bloß mechanisch (d.h.: ungeplant, Anm. M.F.) entspringt, muß sehr viele Fehler und Mängel in sich tragen, weil sie keinen Plan zum Grunde hat. Die Erziehungskunst oder Pädagogik muß also judiziös werden, wenn sie die menschliche Natur so entwickeln soll, daß sie ihre Bestimmung erreiche. (…) Der Mechanismus in der Erziehungskunst muß in Wissenschaft verwandelt werden, sonst wird sie nie ein zusammenhängendes Bestreben werden, und eine Generation möchte niederreißen, was die andere schon aufgebaut hätte.“ (1963, S. 14)

So betrachtet ist die Entstehung (und später: die Zunahme) didaktischer Reflexion abhängig von Störungen gewohnheitsmäßiger Vermittlungsprozesse bzw. von der Unzufriedenheit mit ihnen.

Eine der unterhaltendsten Spekulationen über die Entstehung planmäßigen Unterrichts und didaktischer Reflexion findet sich im „Säbelzahncurriculum“ (1974). Dort stellt der fiktive Professor Peddiwell die Entstehung des paläolitischen Curriculums so dar:

> „Der erste große Praktiker und Theoretiker in der Erziehung, von dem ich Kenntnis habe (so begann Professor Peddiwell), war ein Mann aus der Altsteinzeit, dessen vollständiger Name Neuer-Faustkeil-Macher war und den ich einfach Neue Faust nenne. (…) Seine Jagdkeulen waren allgemein überlegene Waffen, und seine Techniken beim Gebrauch des Feuers waren beispielhaft in ihrer Einfachheit und Präzision. Er verstand es, Dinge zu tun, die seinem Stamm nützten, und er besaß die Energie und den Willen, sie in Angriff zu nehmen. (…) Dieselbe Intelligenz, die ihn dazu veranlaßte, gesellschaftlich anerkannte Handwerkzeuge zu erfinden und herzustellen, brachte ihn auch dazu, sich im Denken zu üben, was von der Gesellschaft jedoch nicht anerkannt wurde. (…) Er starrte unruhig in das flackernde Feuer und staunte über verschiedene Dinge seiner Umwelt, bis er schließlich völlig unzufrieden wurde mit dem gewohnten Leben seines Stammes. Er begann, sich Gedanken darüber zu machen, wie er das Leben seiner Familie und seines Stammes besser gestalten könnte. So wurde er ein gefährlicher Mann. Das war der Hintergrund, der diesen Tatmenschen und Theoretiker dazu brachte, auf das Konzept einer bewußten, systematischen Erziehung zu stoßen. Den direkten Anstoß, der ihn auf die Erziehungspraxis brachte, erhielt er durch die Beobachtung seiner Kinder beim Spielen.
> Er sah seine Kinder vor dem Höhleneingang beim Feuer, beschäftigt mit Knochen, Stöcken und bunten Kieselsteinen. Er bemerkte, daß sie in ihrem Spiel keinen anderen Sinn sahen als das augenblickliche Vergnügen an der Beschäftigung selbst. (…) „Wenn ich nun diese Kinder dazu bringen könnte, sich mit solchen Dingen zu beschäftigen, die ihnen dazu verhelfen, mehr Nahrung, besseren Wohnraum und mehr Sicherheit zu bekommen“, dachte Neue Faust, „dann könnte ich dazu beitragen, daß dieser Stamm ein besseres Leben führt. Wenn die Kinder dann erwachsen wären, hätten sie mehr Fleisch zum Essen, mehr Fell, um sich warm zu halten, bessere Höhlen zum Schlafen und wären weniger gefährdet durch

> den gestreiften Tod mit seinen geschweiften Zähnen, der nachts auf Raubzüge geht.“ Nachdem er ein Erziehungsziel gesetzt hatte, machte Neue Faust sich daran, ein Curriculum zu konstruieren, um auf dieses Ziel hin zu lehren. „Was müssen wir Stammesmenschen können, um mit vollem Bauch, warmer Kleidung und ohne Furcht leben zu können?“ fragte er sich selbst. Um diese Frage beantworten zu können, machte er sich einige Gedanken: „Wir müssen im Teich jenseits der großen Flußbiegung mit bloßen Händen Fische grabschen. Wir müssen mit den Händen fischen, in jedem Teich auf dieselbe Weise. Immer fischen wir nur mit den Händen.“ So entdeckte Neue Faust den ersten Gegenstand seines Curriculum: Fische-grabschen-mit-bloßen-Händen. „Wir knüppeln die kleinen zottigen Pferde mit unseren Stöcken zu Tode“, fuhr er in seiner Analyse fort, „wir knüppeln sie auf der Sandbank im Fluß, wo sie immer zum Trinken sind. Und in den Dickichten, wo sie immer schlafen. Und auf der Ebene, wo sie immer grasen. Überall, wo wir sie finden.“ Das war der zweite Gegenstand seines Curriculum: die-kleinen-zottigen-Pferde-knüppeln. „Und schließlich vertreiben wir den Säbelzahntiger mit Feuer.“ Neue Faust dachte weiter. „Wir vertreiben ihn von unseren Höhleneingängen mit Feuer. Wir vertreiben ihn von unseren Wegen mit brennenden Zweigen. Wir machen Feuer und vertreiben ihn von unserem Wasserloch. Überall müssen wir ihn vertreiben, und überall tun wir es mit Feuer.“ Das war der dritte Gegenstand: Tiger-vertreiben-mit-Feuer.“ (Peddiwell 1974, S. 27-31)

So mag es gewesen sein, wir wissen es nicht. Das gilt allerdings für die weniger humoristischen Darstellungen zur Geschichte der Pädagogik und zur Entstehung der Didaktik ebenso, weil wir auf aussagekräftige Dokumente angewiesen sind, wie sie z.B. aus dem 18. Jahrhundert vorliegen. In einer pädagogischen Zeitschrift von 1783 findet sich folgende Darstellung:

> „Des Landmans Kentniskreis ist äusserst beschränkt, und sein Vorrat von brauchbaren Einsichten unbeschreiblich geringe. Er ist Bürger einer Welt, von der er nicht die geringste Kentnis hat: sogar sein eignes Vaterland ist ihm fremd.“... „Unwissenheit erzeugt in ihm eine sonderbare Mischung von Steifheit und Biegsamkeit, von Leichtgläubigkeit und Mistrauen. So schwer sich der Landman zu nüzlichen Dingen überreden läst, so leicht nimmt er jeden Eindruk von Fabeln und thörigten Erzälungen an. Je weniger seine Vernunft

bei dem, was man ihm sagt, in Arbeit gesezt wird, um desto lieber ist es ihm. Aber ein mistrauisches Gefühl steigt sogleich in ihm bei Säzen, die ein wenig Nachdenken und Anwendung erfordern. Daher wird sein Gehirn so leicht angefült mit hundert lächerlichen, abergläubischen Begriffen; allein sie wieder auszurotten, wird so unaussprechlich schwer, denn da müste er denken." (aus: Petrat 1979, S. 164f.)

Wie oben bereits an der Braunschweigischen Schulordnung von 1753 gezeigt, wurde dieser Zustand wesentlich auf das Versagen der Eltern zurückgeführt:

> „Nicht alle, ja die wenigsten Eltern sind selbst imstande, ihre Kinder so zu unterrichten, wie es ihre Pflicht mit sich bringt und die Wohlfahrt der Kinder erfordert. (...)
> Schulen sind also notwendig, und ihre Notwendigkeit gründet sich teils auf die Unfähigkeit einiger Eltern, das zu tun, was sie doch zu tun schuldig sind, teils auf die Unmöglichkeit, die sich bei anderen findet, dieses Geschäft vorzunehmen". ([2]1972, S. 139)

Die Reaktion auf das so beschriebene Defizit ist wesentlich dadurch bestimmt, wer dieses Defizit aus welchen Gründen und mit welchen Interessen feststellt. Es geht um die „Zuziehung besserer und für den Staat brauchbarer Untertanen", wie es im Katholischen Schulreglement für Schlesien von 1765 formuliert wird (aus: Dietrich/Klink 1972, S. 155). Ähnliche Formulierungen finden sich in anderen Verordnungen und Gesetzen dieser Zeit, sie zeigen, was Kant so formuliert: „die Fürsten betrachten ihre Untertanen nur wie Instrumente zu ihren Absichten" (1963, S. 15). Und darin sieht er neben den ebenfalls eingeschränkten Interessen der Eltern ein Haupthindernis für die Erziehung und Vervollkommnung der Menschen.

Die, neuzeitlicher formuliert, primär politischen und ökonomischen Gründe, sich intensiver und reflektierter mit Unterricht und Erziehung der heranwachsenden Generation zu beschäftigen, führen zu zwei grundsätzlichen Dilemmata, die bildungspolitische Maßnahmen bis heute beeinflussen – wenn auch in historisch unterschiedlichen Erscheinungsformen:

- Wo hört das ökonomisch Effiziente auf und wo fängt die Verschwendung an?
- Wo hört das gesellschaftlich Nützliche auf und wo fängt das Gefährliche und Unruhe Stiftende an?

Wesentliches Merkmal aller Erziehungs- und Bildungsmaßnahmen ist der unklare und mitunter sehr verzögerte Nutzen bei gleichzeitig sehr klaren und unmittelbaren Aufwendungen, die ihren Sinn nur von diesem ungewissen Nutzen her bekommen. Dieser Zwiespalt wird umso deutlicher, je komplexer Erziehungs- und Bildungsziele werden und je mehr sie sich von konkret fassbaren Ergebnissen entfernen. Jemandem etwa die zehn Gebote abfragbar beizubringen, ist sowohl schneller als auch besser prüfbar zu erledigen als die Förderung eines demokratischen Bewusstseins, die ‚Befähigung zum Lernen' o.ä.

Genauso wie sich die Wirksamkeit pädagogischen Handelns oft nicht sicher belegen lässt und damit der Nutzen von Anstrengung und Kosten fraglich bleibt, wirken sich auch unterlassenes oder verzögertes Handeln überwiegend nicht unmittelbar aus. Später lässt sich dann kaum sicher sagen, ob etwas Wirkung oder Nebenwirkung von Versäumnissen ist. Das Fehlen unmittelbarer Folgen macht Einsparungen im Bildungsbereich bei knappen Mitteln immer wieder attraktiv. Das gilt verstärkt, wenn diejenigen, die Ausgaben verantworten sollen, in kurzen Perioden von Wahl zu Wahl denken, weil sie die Erfolge, wenn sie denn erkennbar eintreten sollten, mit einiger Sicherheit nicht mehr als ihre eigenen verbuchen können.

Vor der Einführung der allgemeinen Schulpflicht beschränkten sich Bildungsmaßnahmen weitgehend auf sehr kleine elitäre Gruppen, Klerus und Adel. Mit dem Beginn der allgemeinen Schulpflicht steht der Hoffnung auf Verbesserung des Bildungsstandes der Bevölkerung die Angst gegenüber, die besser Gebildeten könnten mit ihren zusätzlichen Möglichkeiten auch mehr wollen und bestehende Strukturen in Frage stellen. Entsprechend ist eine der Hauptfragen seit Einführung der allgemeinen Schulpflicht, wie man dafür sorgen könne, dass aus zusätzlichen Kenntnissen und geistigen Fähigkeiten keine Ansprüche und gesellschaftliche/soziale Unruhe erwachsen. In den Jahrbüchern des preußischen Volksschulwesens wird diese Problematik recht deutlich dargestellt:

> „Es giebt nun einmal verschiedene Stände und Berufe in der menschlichen Gesellschaft; sie sind natürlich, sie sind rechtmäßig, sie sind unentbehrlich; allen zugleich kann der Einzelne nicht angehören, für einen muß er sich entscheiden. Wann sollte denn der Zeitpunkt eintreffen, wo diese Entscheidung gefaßt und also der besondere Bildungs- und Vorbereitungs-Weg betreten würde? Irgend einmal müßte dies doch geschehen, und je später, desto schlimmer. Je länger der Jugend die Verschiedenheit der menschlichen Verhältnisse verheimlicht würde, als eine desto größere Last müßte sie ihr hinterher erscheinen; ja, eben dieser lange Traum und Wahn

einer allgemeinen Gleichheit würde nicht bloß die nachfolgende Ungleichheit um so drückender machen, sondern auch die früher Gleichen und Vereinten um so schroffer trennen und um so feindseeliger gegen einander stellen.“ (Beckedorff 1825, S. 28)

„Und auf solche Weise könnte es denn wirklich nach und nach dahin kommen, daß an die Stelle ruhiger und glücklicher Genügsamkeit und einer treuen und emsigen Betriebsamkeit ein unruhiges, zweckloses und veränderungssüchtiges Treiben und eine unbestimmte und unfruchtbare, ja verderbliche Geschäftigkeit sich einfände.“ (S. 29)

„... wir bedürfen daher in der menschlichen Gesellschaft nicht einer künstlichen G l e i c h h e i t der V o l k s-Bildung, sondern einer naturgemäßen Ungleichheit der Standes-B i l d u n g“ (S. 32)

Um keine Hoffnungen der Untertanen auf gesellschaftlichen Aufstieg entstehen zu lassen, wird ihnen in der Volksschule dieser Zeit nur das Nötigste beigebracht und das zudem so, dass eigenständiges Denken möglichst vermieden wird (z.B. Auswendiglernen von Bibeltexten).

Nimmt man andere Rahmenbedingungen hinzu, unter denen in dieser Zeit Unterricht überwiegend stattfand (wenn er denn stattfand) – fehlende Unterrichtsräume und Unterrichtsmaterialien, keine oder unzureichende Ausbildung der Lehrer – , ist leicht erkennbar, wie diese Bedingungen schulisches Lehren und Lernen bestimmten und einschränkten.

Seit dieser Zeit haben sich politische, wirtschaftliche und soziale Rahmenbedingungen dramatisch verändert. Nur auf den engeren bildungspolitischen Bereich bezogen u.a.:

- Etablierung des dreigliedrigen Schulsystems
- Koppelung des Zugangs zu beruflichen Karrieren an schulische Zertifikate
- Professionalisierung und Akademisierung der Lehrerausbildung
- Zulassung von Frauen für den Lehrerberuf
- Abschaffung des Schulgeldes
- Einführung der Lernmittelfreiheit
- Abschaffung der Aufnahmeprüfung für das Gymnasium

Daneben sind Schulen heutzutage besser ausgestattet, es gibt Sonderschulen und Sondermaßnahmen für bestimmte Schülergruppen, die Inhalte sind anspruchsvoller und vielgestaltiger – und die Prügelstrafe ist verboten. Diese Aufzählung ließe sich erheblich erweitern.

Gezeigt werden kann damit, dass sich die Rahmenbedingungen von Unterricht und Erziehung in sehr vielen Aspekten dramatisch verändert haben. Sie sind damit aber nicht irrelevant geworden und sie sind vor allem nicht gänzlich andersartig. Die Diskussion zur Funktion der Schule (vgl. z.B. Fend 1974) und zum „Heimlichen Lehrplan" (vgl. Zinnecker 1975) in den siebziger Jahren des 20sten Jahrhunderts hat dies nach Jahren z.T. recht naiver Bildungseuphorie betont. Historisch wechseln danach zwar die spezifischen Erwartungen an die Leistung des Bildungssystems. Zu den überdauernden Funktionen dieses Systems gehört aber, die Heranwachsenden in die jeweils bestehenden gesellschaftlichen Strukturen einzuführen und die sie tragenden Routinen und Selbstverständlichkeiten durch Gewöhnung abzusichern. Bernfeld hat diese, das Bestehende stabilisierende Wirkung des Bildungswesens in „Sisyphos oder die Grenzen der Erziehung" (1973) drastisch ausgedrückt. Dort lässt er den fiktiven Unterrichtsminister Macchiavell sagen:

> „Sie müssen nämlich verstehen, daß die Organisation des Erziehungswesens das entscheidende Problem ist, das wir konsequent und unerbittlich unserem Einfluß restlos vorbehalten müssen, während wir die Lehrplan- und Unterrichts-, selbst Erziehungsfragen beruhigt den Pädagogen, Ideologen, ja selbst den Sozialdemokraten überlassen können. Doch werde ich auch in dieser Zulassung taktisch vorgehen. Sie wird gefordert werden, wir lassen lange um sie kämpfen und gewähren sie in Form von Konzessionen immer dann, wenn wir eine Ablenkung der Aufmerksamkeit in der Öffentlichkeit für nötig halten." (S. 98)

> „Das Schulwesen hat offenbar Wirkungen, die über den eigentlichen Unterricht weit hinaus reichen. Die Schule – als Institution – erzieht. Sie ist zum wenigsten *einer* der Erzieher der Generation; einer jener Erzieher, die – zum Hohne allen Lehren der großen und kleinen Erzieher, zum Hohne allen Lehr- und Erziehungsprogrammen, allen Tagungen, Erlässen, Predigten – aus jeder Generation eben das machen, was sie heute ist, immer wieder ist, und gerade nach jenen Forderungen und Versprechungen ganz und gar nicht sein dürfte. So wenig Einsicht haben wir in die eigentlichen Bildungs- und Erziehungsprozesse der Gesellschaft, daß wir nicht zu sagen vermögen, welchen Anteil das Schulwesen an dem schließlichen Resultat der vereinigten Bemühungen geheimer Kräfte hat." … „Und das ist die Lächerlichkeit der didaktischen Situation. Da denkt, schreibt, experimentiert, agitiert sie redlich und fleißig

– und sieht nicht, daß ihr Tun unnütz ist, weil es am falschen Ort geschieht. Zugleich aber – und das ist das Verwerfliche – erhält sie das Bestehende, indem sie, selbst abgelenkt und abseitig tätig, aller Aufmerksamkeit vom Feinde ablenkt. Aller Arbeitskraft nutzlos vergeudet. Nein, nicht erfolglos. Dient es doch dem gesicherten Bestand des Bestehenden." (S. 28f.)

Die Standesgrenzen der Voraufklärungszeit mögen in dieser Form nicht mehr existieren, der soziale Aufstieg durch Bildung ist aber weiterhin eher Versprechen als Realität. Die Auslese- und Ausgrenzungsprozesse verlaufen heute zwar weniger offensichtlich, aber nicht weniger effektiv. Die PISA-Studien haben dies in neuerer Zeit betont und ins Bewusstsein der Öffentlichkeit gehoben.

Für die didaktische Reflexion der Arbeit in der Schule stellt sich zunächst die Frage, welche Wirkung man den Rahmenbedingungen pädagogischen Handelns zubilligen sollte. Letztlich sind Annahmen darüber, wie sehr sich die unterschiedliche Besoldung von Lehrern verschiedener Schultypen, die getrennte Unterrichtung von Mädchen in den Naturwissenschaften oder die Einrichtung einer Schulküche auf das Lehren und Lernen auswirken, weitgehend spekulativ. Zudem sind die meisten dieser Rahmenbedingungen pädagogischen Handelns von den Lehrern nicht zu beeinflussen. Immerhin dürfte sich aber einschätzen lassen, ob die mutmaßlichen Wirkungen dem Gewollten förderlich sind oder nicht, wo man sie evtl. abschwächen oder verstärken kann. Und dort, wo Lehrer selbst Rahmenbedingungen schaffen, wie sie z.B. in Hausordnungen festgehalten werden, sollte die Frage gestellt werden, wie das, was man den Schülern beibringen will, durch diese Bedingungen gefördert wird.

3.2 Der Lerner

Wenn man jemandem etwas beibringen will, muss man eine Vorstellung von den Voraussetzungen des Lernenden haben. Eine in pädagogischen Schriften gerne gebrauchte Formulierung ist die, man wolle den Adressaten abholen, wo er steht, sich also auf seine individuellen Besonderheiten einstellen. Hat er das nötige Vorwissen, um das Neue zu verstehen? Interessiert ihn überhaupt, was man ihm beibringen will?

Solange man darüber in dieser allgemeinen Form spricht, scheint es sich hier nur um Selbstverständliches zu handeln, das ‚natürlich' zu beachten ist. Grundschüler haben eben einen anderen Hintergrund als Oberstufenschüler,

Mädchen interessieren sich für andere Themen als Jungen usw. Wenn man aber fragt, was man denn genau wissen sollte, wird es schwierig. Muss man als Lehrender wissen, ob eine Schülerin Geschwister, ein eigenes Zimmer oder ein Haustier hat? Muss man wissen, welche Lernerfahrungen ein Schüler im Fach Mathematik im vergangenen Jahr gemacht hat? Muss man sein Lernangebot verändern, weil die Oma eines Schülers gestorben ist? Keine dieser Fragen lässt sich allgemein verbindlich beantwortet. Was sinnvoll und erforderlich ist, hängt jeweils von vielen Randbedingungen ab.

Zunächst: Wer ist der Adressat pädagogischen Handelns? In der Sprache vergangener Jahrhunderte: Der noch rohe, tierhafte Mensch, der weder die für den Menschen arttypischen Fähigkeiten, insbesondere den Gebrauch der Sprache und der Vernunft, entwickelt hat, noch einen verlässlichen, stabilen Charakter, der eine moralische Nutzung dieser Fähigkeiten leitet. Nach Überwindung dieser Entwicklungsstufe war man dann fertig und erwachsen, in einem Alter, das wir heute als Jugendalter bezeichnen würden. Heute ist dagegen die Rede von lebenslangem Lernen. Die, wiederum vor allem ökonomisch motivierte Erwartung ist, dass die Menschen sich nie als fertig begreifen, sondern immer wieder bereit sind, um- und weiterzulernen. Das führt bezogen auf die Schule dazu, dass an ihrem Ende nicht der fertige Mensch steht, sondern jemand mit einer Grundausstattung, die ihn zum Weiterlernen befähigt. Im aktuellen Jargon: jemand mit „Kompetenzen". Auch wenn sich die Schul-Didaktik nur auf Kinder und Jugendliche bezieht, verändert sich mit dieser auf das ganze Leben bezogenen Perspektive auch die didaktische Reflexion für die Schulzeit.

Während die Hauptschule in den letzten Jahrzehnten zur Restschule geworden ist, hat sich die Schülerschaft des Gymnasiums nicht nur quantitativ erweitert, sondern im Hinblick auf sozialen Hintergrund und Voraussetzungen der Schülerschaft auch an Heterogenität zugenommen. Wer die Schüler dort abholen will, wo sie stehen, muss sie heute also an sehr unterschiedlichen Orten abholen. Was wissen wir konkret über Schüler? Wo wären sie abzuholen, wenn man das entsprechend dem oben wiedergegebenen Anspruch wollte und wenn es denn möglich wäre?

Das Wissen über Schüler bestand bis in das späte 19te Jahrhundert fast ausschließlich aus unsystematischem Erfahrungswissen pädagogischer Praktiker. Binet (^{2}1927) hat es einmal so ausgedrückt, der „ewige Fehler" der Methode der Pädagogik bestehe darin, dass „in der Pädagogik zwar alles gesagt, aber nichts bewiesen" sei (S. 250), weil sie sich bestenfalls auf ungeordnete Beobachtungen aus der alltäglichen Unterrichtspraxis stütze. Brezinka kritisiert 1978 ähnlich eine „tatsachenarme Pädagogik, die lediglich Grundbegriffe erörtert, philosophierend das Dasein auslegt und in gefälligen Wendungen unverbindlich an das Berufsethos erinnert" (S. 23).

Diese Charakterisierungen sind im Bemühen, eine intensivierte quantitative empirische Forschung nach dem Vorbild der Naturwissenschaften zu fördern, insofern überzeichnet, als sie erstens ohne ausreichende Begründung Fallstudien und hermeneutische Zugänge als ungeeignete Zugänge abwerten und zweitens durchaus vorhandene umfangreiche quantitative empirische Untersuchungen, wie etwa die der Herbartianer (vgl. Fromm 1987, S. 39ff.) in der zweiten Hälfte des 19ten Jahrhunderts, ignorieren. Richtig ist aber, dass sich pädagogische Konzepte kaum einmal auf die konkrete Befindlichkeit der jeweiligen Adressaten beziehen, stattdessen mit Annahmen über deren Verfasstheit operieren. Der Zögling sei z.B. von Natur aus gut (Rousseau 1972) und müsse daher vor schädigenden Einflüssen bewahrt werden oder neige umgekehrt von Natur aus zum Bösen, stehe ständig in der Gefahr, im „Schlamm des gemeinen und platten Lebens" (Ziller 1865, S. 30) zu versinken, und müsse davor energisch bewahrt werden.

Solche anthropologischen Annahmen, die sich zwar jeweils durch eindrucksvolle Beispiele illustrieren, aber in Ermangelung naturbelassener Menschen, die man studieren könnte, nicht belegen lassen, finden sich heute in der wissenschaftlichen Diskussion nicht mehr. Heute geht man von der Offenheit des Menschen für verschiedene Entwicklungen aus. Mit Kant formuliert: „Es liegen viele Keime in der Menschheit, und nun ist es unsere Sache, die Naturanlagen proportionierlich zu entwickeln, und die Menschheit aus ihren Keimen zu entfalten" (1963, S. 13). Geblieben ist aber die Tendenz, bei der Formulierung pädagogischer Konzepte eher von Annahmen als empirischem Wissen über die jeweiligen Adressaten auszugehen.

> „Angesichts der Schwierigkeit, sich der konkreten Erfahrung ohne eine vorgefaßte Idee auszusetzen, bis sich aus ihr ein bislang verborgener Sinn ergibt, entscheidet sich der Erziehungswissenschaftler sicherheitshalber und lieber für die vorgefaßte Idee." (Wellendorf 1982, S. 205)

Und diese vorgefasste Idee läuft immer wieder darauf hinaus, dass man sich die Adressaten ungefähr als das Gegenteil dessen vorstellt, was sie nach dem jeweiligen Konzept sein sollten (vgl. Fromm 1987, S. 143). Was dann natürlich die Notwendigkeit dieses Konzepts vorteilhaft unterstreicht.

Derart spekulativ und bestenfalls anekdotisch gestützter Praxis sollte die empirische Forschung nach Vorstellung Binets und Brezinkas (s.o.) ein verlässlicheres Fundament schaffen. Der Gedanke bei Brezinka (vgl. Fromm 1987): Man müsse im Ideal durch empirische Forschung zu generellen

Gesetzesaussagen (Wenn-Dann-Sätzen) gelangen, die eine technologische Anwendung in der Form erlauben, dass planmäßig Effekte hergestellt werden. Da sich aber Menschen nicht in der Weise berechenbar verhalten wie die Gegenstände, die Naturwissenschaftler untersuchen, bleiben derartige generelle (deterministische) Gesetzesaussagen eine unbegründete Hoffnung. Menschen verleihen objektiven Gegebenheiten eine subjektive Bedeutung und verhalten sich von Fall zu Fall unterschiedlich. Das gilt jedenfalls für die Prozesse, die für Pädagogen vorrangig von Interesse sind. Der abgeschwächte Anspruch, immerhin zu Wahrscheinlichkeitsaussagen (probabilistischen Gesetzesaussagen) vorzudringen, löst ein weiteres grundsätzliches Problem nicht, dass nämlich diese Gesetzesaussagen, ob deterministisch oder probabilistisch, immer nur unter bestimmten Randbedingungen und für bestimmte Variablenausprägungen gelten. In den Worten Nohls: Solche Forschung informiert uns „über den Menschen im allgemeinen, nicht über den bestimmten, auf den wir gerade zielen" ([5]1959, S. 21).

Ob das, was unter bestimmten Bedingungen mit einer gewissen Wahrscheinlichkeit festgestellt worden ist, sinnvoll auf die je besondere pädagogische Situation übertragen werden kann, ist grundsätzlich fraglich. Das Vorhaben einer technologischen Nutzung empirischer Lehr-/Lernforschung ist zuverlässig mit folgendem Dilemma konfrontiert: Werden nur wenige Variablen kontrolliert, bleiben wegen der nicht kontrollierten Störeinflüsse die erzielbaren Wenn-Dann-Aussagen vergleichsweise unsicher, die Nähe zur pädagogischen Ernst- und Anwendungssituation und damit die externe Validität, wegen der dort relevanten besonderen Randbedingungen gering. Wenn der Versuch gemacht wird, dieses Problem durch die Kontrolle von mehr Variablen zu beheben, werden erstens die Untersuchungsbedingungen zunehmend künstlicher. Zweitens aber ergäben sich bestenfalls unzählige relativ gut gesicherte Befunde, die nur für ein sehr spezielles Arrangement von Randbedingungen und Variablenausprägungen gelten. Eine technologische Nutzung dieser Befunde würde erfordern, dass der pädagogische Praktiker diese Befunde kennt, versteht und zu seiner speziellen Handlungssituation in Beziehung setzen kann – das Ganze in Echtzeit oder zumindest unter erheblichem Handlungsdruck. Diese Vorstellung ist erkennbar abwegig.

An dieser Stelle kommt notwendigerweise ein Begriff mit zweifelhaftem Ruf ins Spiel, der (pädagogische) „Takt" (vgl. Muth 1962). Zweifelhaft deshalb, weil dieser Begriff in der Kritik der empirischen Erziehungswissenschaft für eine überholte Pädagogik stand, die sich auf unsystematische Erfahrung und beliebige Intuition anstelle gesicherten empirischen Wissens verließ.

Herbart (1976, S. 71) verstand aber unter dem Takt nicht gefühlige Willkür auf der Basis ungeordneter Erfahrung. Er kritisierte vielmehr diese ungeprüfte Erfahrung und forderte empirische (psychologische) Untersuchungen.

> „Ein neunzigjähriger Dorfschulmeister hat die Erfahrung seines neunzigjährigen Schlendrians; er hat das Gefühl seiner langen Mühe; aber hat er auch die Kritik seiner Leistungen und seiner Methode?" (1976, S. 33)

Eine technologische Nutzung empirischer Forschung im Sinne Brezinkas hielt er allerdings nicht für möglich: „das Individuum kann nur gefunden, nicht deduziert werden" (ebd. S. 35). Der Takt überbrückt für Herbart die Lücke zwischen dem, was man u.a. auf der Basis empirischer Untersuchungen im Allgemeinen wissen kann und den besonderen Erfordernissen der jeweiligen pädagogischen Situation, er versucht „vorzuempfinden", was man nicht sicher wissen kann. Dieser Takt ist aus den oben angesprochenen prinzipiellen Gründen auch zwei Jahrhunderte später trotz jahrzehntelanger intensiver Lehr-/Lernforschung unverzichtbar und wird es bleiben (vgl. a. König/Zedler 1998, S. 35; Terhart 1981). Schüler, schon gar jeden einzelnen in einer Klasse, dort abzuholen, wo sie gerade stehen, ist also eine gutgemeinte Forderung, die bis auf sehr grobe Näherungen nicht einzulösen ist und möglicherweise vor allem dazu beiträgt, Lehrern unverdient ein schlechtes Gewissen zu vermitteln. Die empirische Lehr-/Lernforschung liefert ihm jedenfalls hierfür kaum Antworten, die für seinen konkreten Arbeitskontext hilfreich sein können.

Das Bemühen um eine zuverlässige technologische Bearbeitung des Materials Schüler, wie sie sich die Herbartianer und andere technologisch orientierte Empiriker seitdem vorgestellt haben, wird also auch mit der sorgfältigsten didaktischen Analyse nicht zum Erfolg führen. Ob sie überhaupt wünschenswert sein kann, wenn sich pädagogische Arbeit am Ideal orientiert, Mündigkeit zu ermöglichen, wäre ohnehin noch zu fragen.

Möglich und wünschenswert wäre allerdings eine weniger einseitige Betrachtung der Adressaten pädagogischen Handelns. In pädagogischen Konzepten erscheinen Schüler, unabhängig von der Ausrichtung des jeweiligen Konzepts, überwiegend als Verkörperung schwerwiegender Defizite (vgl. Fromm 1987), in der Regel der Defizite, die das jeweilige Konzept beheben soll. Dass Schüler auch über begrüßenswerte Voraussetzungen verfügen, an denen man möglicherweise unterstützend ansetzen kann, wird darin kaum beachtet. Der Fokus liegt fast ausschließlich auf den

Voraussetzungen der Schüler, die Gegenwirkung im Sinne Schleiermachers (1964) erfordern. Eine Korrektur dieser Sicht der Schüler ist nicht zu verwechseln mit einer „Pädagogik weichlichster Sentimentalität“, wie sie Litt ([12]1965, S. 65) kritisiert hat, es geht vielmehr nur um eine weniger einseitige, mehrperspektivische (im Sinne Schleiermachers: „dialektische“) Sicht auf den Schüler.

Für die schulische Vermittlungsarbeit macht es natürlich einen erheblichen Unterschied, ob Schüler vor allem als sittlich gefährdet oder wesensmäßig gut, als beliebig bearbeitbares Rohmaterial oder als vielschichtige, zu respektierende Persönlichkeit angesehen werden. Entsprechend unterschiedlich fallen auch die pädagogischen Maßnahmen aus. Explizit sind Annahmen über die Voraussetzungen der Schüler, an die man sich richtet, aber vor allem in historischen Texten zu finden. Mit Beginn des 20sten Jahrhunderts werden grundsätzliche anthropologische Aussagen seltener, allerdings nicht durch empirische Befunde der sogenannten Tatsachenforschung oder empirischen Forschung ersetzt – weil die sich vorzugsweise anderen Untersuchungsfragen zuwendet.

Zugespitzt: Es gibt den real existierenden Schüler und den Phantom-Schüler, an den sich pädagogische Konzepte richten. Zwischen beiden gibt es gelegentlich Ähnlichkeiten.

3.3 Der Vermittler

Mehr als mit dem Schüler hat sich die wissenschaftliche Pädagogik in der Vergangenheit mit dem Lehrer und Vermittler beschäftigt. Mit der beruflichen Wirklichkeit und auch dem Bild des Lehrers in der Öffentlichkeit hat das Lehrerbild der wissenschaftlichen Pädagogik aber selten etwas zu tun, es beschreibt überwiegend Anforderungen an den idealen Lehrer.

Betrachtet man zunächst die Realitäten des Lehrerberufs, ist in der Zeit vor Einführung der Schulpflicht für alle Kinder bis weit in das 19. Jahrhundert hinein festzuhalten, dass Lehrer üblicherweise nicht als Lehrer ausgebildet waren, sondern im günstigen Fall für ein kirchliches Amt. Entsprechend stammen die Schriften insbesondere der Zeit vor 1800 von pädagogischen Autodidakten auf der Basis von Erfahrungen als Hauslehrer (z.B. Herbart, Schleiermacher) oder als Lehrer in Versuchsschulen (z.B. Salzmann, Pestalozzi). Weder das Bildungsniveau, noch das Problembewusstsein und die Nachdenklichkeit dieser Autoren können stellvertretend für die pädagogischen Praktiker dieser Zeit stehen, annähernd bestenfalls Pestalozzis widrige Arbeitsbedingungen. Das gilt auch für ihre öffentliche Beachtung und Wertschätzung. Während diese Pädagogen zumindest in der gebildeten Welt wenn nicht Zustimmung, so doch hohe Beachtung fanden, gehörte der Volksschullehrer der Pflichtschule zu den bemitleidenswerten Zeitgenossen, deren Qualifikation ebenso ungesichert erschien wie ihre Existenzberechtigung.

Da von ihm ohnehin nicht mehr erwartet wurde, als zum Billigtarif den Heranwachsenden das Nötigste – etwas Lesen, Schreiben (an Bibeltexten und Gebeten) und Rechnen beizubringen, vor allem, dass der jeweilige Herrscher von Gott bestimmt und daher gut sei, standen allerdings Qualifikation und Aufgaben durchaus in einer angemessenen Relation. Mit Unterricht nach heutigem Verständnis, nicht einmal mit schlechtem, hatte dieses Schulehalten nichts zu tun. Ohne Ausbildung, Lernmaterialien, geeignete Räume und Möbel in ständig wechselnden überfüllten Klassen mit Kindern aller Altersstufen kann zu diesen Zeiten von einer auch nur in Ansätzen didaktisch reflektierten Vermittlung nicht die Rede sein. Der Lehrer war wesentlich Aufsichtsperson und Dompteur (vgl. z.B. Petrat 1979).

Mit der Professionalisierung des Lehrerberufs, zunächst z.B. an den universitären Versuchsschulen der Herbartianer stiegen die Erwartungen an die Lehrer deutlich an. Bei den Herbartianern, die sich imstande sahen, die Kinder nach wissenschaftlichen Erkenntnissen zuverlässig zu guten Menschen zu machen, in besonderem Maße. Der Lehrer wird bei ihnen dem Anspruch nach zum Übermenschen. Er ist nicht nur charakterlich Vorbild, sondern zudem kompetenter Lehr- und Erziehungstechnologe.

Vom technologischen Anspruch befreien ihn die reformpädagogischen Kritiker an der Wende zum 20sten Jahrhundert. Als Person, die sich ganz und vorbildhaft einbringt, wird der Lehrer dafür aber umso mehr gefordert. Diese Lichtgestalt, die sich irgendwie, aber weitgehend unreflektiert, ganz einbringt, ist in der Bildungsreformdiskussion der 70er Jahre gründlich in Verruf geraten.

Vom heutigen Zeitpunkt aus rückblickend erscheint die Entwicklung des Lehrerberufs, auch im internationalen Vergleich, als eindrucksvolle Erfolgsgeschichte. Heute sind Lehrer akademisch qualifiziert, gut bezahlt und durch ihren Beamtenstatus abgesichert. So sehr sich das Verständnis des Lehrers in der wissenschaftlichen Pädagogik und auch seine Arbeitssituation über die Jahrhunderte geändert hat, so sehr kann man andererseits aber auch eine Konstante ausmachen: unzureichende Ausbildung und Überforderung. Oberflächlich betrachtet hat der Lehrer im 18. Jahrhundert, der sich seine Bezahlung in Naturalien von den unwilligen Eltern erbetteln musste, und so sehr auf Nebeneinkünfte angewiesen war, dass in offiziellen Vorschriften ausführlich darauf hingewiesen wurde, dass er sich dabei nicht einfach von seiner Frau vertreten lassen dürfe, mit dem relativ gut bezahlten und abgesicherten Lehrer heute nichts mehr gemein. Neben der wirtschaftlichen Situation hat sich auch seine Ausbildung drastisch verändert. Dem Lehrer der damaligen Zeit, der mitunter selbst kaum lesen und schreiben konnte, stehen heute akademisch qualifizierte Lehrer gegenüber. Geblieben ist allerdings die fehlende Ausbildung für die Aufgabe der Vermittlung, die bereits Dilthey so kritisiert:

> „Dieser Beruf des Erziehers erfordert zweierlei: einmal pädagogische Ausbildung der gesamten Person, alsdann wissenschaftliche Kenntnis des Faches, in welchem der künftige Erzieher unterrichten will. Der ganze Zusammenhang Ihrer Studien ist der letzteren Aufgabe gewidmet. Aber auch die erstere hat an Sie einen wenn auch bescheidenen Anspruch zu machen. Ihre persönliche pädagogische Durchbildung muß ebenfalls auf der Universität begründet werden. Es ist allgemein anerkannt, daß dieselbe verhältnismäßig unvollkommen in der letzten Generation der höheren Lehrer ist. Hieraus erwachsen denn sehr große Nachteile, sowohl für die Leistung als für das persönliche Glück derselben. Plötzlich aus wissenschaftlichen Spezialstudien herausgerissen, finden sie sich einer Schar unbändiger Knaben gegenüber, deren Seelen sie beherrschen, deren Aufmerksamkeit sie lenken, deren Gedankenlauf sie regieren sollen. Was geschieht in der Regel? Der angehende Lehrer greift nach den dürftigen Erinnerungen an die Zeiten, in denen er selbst auf der Schulbank saß. Er kopiert den besten unter seinen damaligen Lehrern. Aber dies kann nur äußerlich bleiben. Den Aufgaben, die nun immer überraschend und neu das Leben bringt, sind solche Erinnerungen nicht gewachsen. So entsteht in ihm leicht Abneigung gegen seinen herrlichen Beruf. Er möchte den Faden von der Universität her fortspinnen und wissenschaftlich weiterarbeiten. Er fühlt sich als Spezialgelehrter, nicht als Erzieher. In dem Konflikt zwischen den Anforderungen seines großen Berufs und solchen eine Zeit hindurch fortgesetzten Bemühungen verliert er die Freude an der Aufgabe des Erziehers und mit ihr die Leistungsfähigkeit." (Dilthey 1971, S. 7f.)

Diese Überforderung, die durch die unzureichende Ausbildung der Lehrer bedingt ist, wird verstärkt durch die ständig wachsenden Ansprüche der Öffentlichkeit an die Schule. Zu den Anforderungen an die fachliche Qualifizierung der Schüler kommen zunehmend Erziehungsaufgaben, die kompensieren sollen, was in anderen Lebensbereichen, insbesondere in der Familie, zu kurz kommt. Ist schon fraglich, ob die Schule diese Leistung quasi gegen die sonstigen Sozialisationseinflüsse überhaupt erbringen könnte, ist jedenfalls offensichtlich, dass Lehrer auf derartige erzieherische Aufgaben noch weniger vorbereitet werden als auf ihre Vermittlungsaufgabe. So setzt sich die historisch charakteristische Überforderung der Lehrer auch unter den Bedingungen einer intensivierten und akademisierten Ausbildung fort.

Bei allen Veränderungen ist ebenfalls geblieben, dass Lehrer ihre Aufgabe im staatlichen Auftrag erfüllen. Diese Bindung wird sogar durch den Beamtenstatus noch stärker als früher betont, wenn auch die direkt erfahrbare Inanspruchnahme und Gängelung unter den Bedingungen der Demokratie deutlich abgenommen hat. Es bleibt aber ein latenter Grundwiderspruch des Lehrerberufs, wo pädagogische und staatliche Interessen auseinanderklaffen. Die Beschränkung von Bildungsmöglichkeiten und Förderangeboten, ob nun aus Angst vor denkenden, unbequemen Bürgern oder wirtschaftlich unrentablen Ausgaben, entspricht jedenfalls ebenso wenig pädagogischen Interessen wie die Selektionsfunktion des Schulwesens bei der Zuweisung gesellschaftlicher Chancen und Positionen. Auf konkrete didaktische Entscheidungen wirken sich diese nichtpädagogischen Interessen in vielfältiger Weise aus: in Prüfungsordnungen und Versetzungsvorschriften, Lehrplänen und standardisierten Anforderungen.

3.4 Der Inhalt

Wenig überraschend haben sich die Vorstellungen davon, was man können, wissen und wollen sollte, über die Jahrhunderte erheblich verändert. Bemerkenswert ist eher, dass die Antworten auf die Frage, *wie* man über das Gewusste und Gekonnte verfügen sollte, deutlich weniger variieren und in Abhängigkeit davon, wer das bestimmt, über die Zeit relativ ähnlich ausfallen.

Zu Beginn der allgemeinen Schulpflicht unterscheiden sich die Antworten der Politiker und der Pädagogen auf die Frage, was Schüler der Volksschule wissen und können sollten, extrem: Die Regierenden beschränken die Vermittlung auf das Nötigste: Grundkenntnisse im Lesen und Schreiben, an Buchstabiertafeln und Bibeltexten eingeübt. Dazu ein basales Verständnis von konkret erfahrbaren alltäglichen Naturphänomenen und der Glaube an die Rechtmäßigkeit der gesellschaftlichen Gegebenheiten. Das Ziel ist dann erreicht, wenn der Heranwachsende weniger anfällig für Aberglauben, gesellschaftlich nützlicher und angepasst ist.

Die Vorstellungen der Pädagogen sehen gänzlich anders aus. Comenius verspricht schon 1658 in der Einleitung des „Orbis Pictus" seinen Schülern, er wolle mit ihnen in die Welt wandern „und beschauen alle Dinge" (1978, S. 3), ihnen einen „Begriff der ganzen Welt" (Vortrag ebd.) bieten. Humboldt fordert knapp 150 Jahre später die „Verknüpfung unsres Ichs mit der Welt" ([4]1985, S. 25), Schleiermacher zur gleichen Zeit: „auch in die reinste Volksschule darf kein hemmendes Prinzip kommen" ([2]1964, S. 215).

Dieser Gegensatz politischer und pädagogischer Vorstellungen hinsichtlich des Umfangs der zu vermittelnden Inhalte hat sich im Zusammenhang mit den seitdem eingetretenen grundlegenden wirtschaftlichen und politischen Veränderungen aufgelöst. Das ‚Nötigste', über das ein gesellschaftlich, insbesondere wirtschaftlich nützlicher Bürger heute verfügen sollte, geht eben weit über den zur Zeit der Aufklärung üblichen Rahmen hinaus. Heute gilt die Sorge übereinstimmend eher der Überfrachtung der Lehrpläne, die sich im Laufe der Jahrhunderte ergeben hat.

Wenn allerdings danach gefragt wird, wie etwas gewusst und gekonnt werden sollte und soll, ergibt sich ein anderes Bild. Zu Beginn der allgemeinen Schulpflicht wurde ja durchaus von politischer Seite die Gefahr gesehen und explizit formuliert, die Untertanen könnten mit zunehmendem Wissen und Können auch Ansprüche entwickeln und mit ihrem gesellschaftlichen Status hadern. Die Absicherung gegen diese Tendenzen besteht einmal in der Beschränkung der vermittelten Inhalte auf das Nötigste, daneben aber auch in einer Vermittlung, die die unerwünschte Nutzung dieser Inhalte erschwert. Diese Sicherung besteht darin, Lehren und Lernen auf Präsentation und exakte Reproduktion zu reduzieren: Was gesagt, geschrieben, gerechnet oder gesungen wird, ist möglichst genau zu reproduzieren, einzeln oder im Chor (vgl. z.B. Petrat 1979). Eigenes Denken oder eigenständige Verarbeitung werden dabei nicht nur nicht gefördert, sie sind vielmehr störend und unerwünscht.

Solche Art der Vermittlung von Inhalten kritisiert bereits Kant: ohne Ausbildung des Verstandes trage der Schüler nur „erborgte Wissenschaft, die an ihm gleichsam nur geklebt und nicht gewachsen ist" (1963, S. 67). Der Schüler müsse „nicht Gedanken, sondern denken lernen" (S. 68). Trotz aller Änderungen des Unterrichts und der Lehrpläne in den seither vergangenen Jahrhunderten gibt es aber deutliche Anhaltspunkte dafür, dass die Schüler immer noch wenig zu eigenem Denken angeregt werden, und vor allem lernen, wie man „fremde Phrasen zum Ausdruck fremder Gedanken mühsam zusammenkleistert" (Otto 1929, S. 227, vgl. a. Fromm 1986). Die unterdurchschnittliche Fähigkeit zu eigenständigem Denken und Problemlösen deutscher Schüler gehörte jedenfalls zu den Hauptkritikpunkten der ersten PISA-Studie. H.v. Hentig ([2]1999, S. 182f.) wies in dem Zusammenhang darauf hin, dass dieser Befund so überraschend nun auch nicht sei und erinnerte an die Untersuchung von Baruk (1989), in der Schülern der zweiten und dritten Klasse folgende Aufgabe gestellt wurde:

> „Auf einem Schiff befinden sich 26 Schafe und 10 Ziegen. Wie alt ist der Kapitän?“

76 der 97 befragten Schüler haben die vorgegebenen Zahlen in irgendeiner Weise verrechnet. V. Hentig sieht dies als Indikator dafür, dass gerade im Mathematikunterricht nicht klares Denken, sondern blindes Herumprobieren gefördert wurde.

Kurz gefasst kann man diese Anhaltspunkte so interpretieren, dass es auch mit gänzlich veränderten und deutlich ausgeweiteten Inhalten gelingt, den selbständigen Gebrauch des Verstandes *nicht* zu fördern, wenn – in der Formulierung Ottos – vor allem geübt wird, „fremde Phrasen zum Ausdruck fremder Gedanken“ zusammenzukleistern.

Wer über die relevanten Inhalte bestimmt, hat sich im Laufe der Jahrhunderte erheblich verändert. Konnten die Regenten, die die allgemeine Schulpflicht einführten, noch weitgehend selbstherrlich verfügen, was man zu lesen, wissen und fühlen habe, ist diese Entscheidung zunehmend Gegenstand demokratischer Verhandlungen geworden. Positiv betrachtet ist damit eine einseitige Manipulation unwahrscheinlicher geworden. Negativ stellen sich Lehrpläne mit zunehmender Zeit aber auch als Müllhalde vergangener Kompromisse zwischen gesellschaftlich einflussreichen Gruppen dar. Und jeder Versuch, diese historischen Rückstände gründlich zu prüfen, findet wiederum in der Abwägung unterschiedlicher Interessen statt, so dass die Entrümpelung von Lehrplänen ähnlich erfolglos verläuft wie die Abschaffung von Subventionen. Das Ergebnis: Schüler lernen heute vieles, das vielleicht früher einmal aus Sicht irgendeiner gesellschaftlichen Interessengruppe wichtig erschienen ist, heute aber keine erkennbare Relevanz mehr hat.

Natürlich hat es entschlossene Versuche zu einer Entrümpelung der Lehrpläne gegeben, wie etwa die von Robinsohn (1969) propagierte Revision des Curriculums. Sie stoßen aber zuverlässig auf etablierte Interessen- und Machtgruppen, die ihre Claims ohne Rücksicht auf pädagogische Sinnhaftigkeit und Rationalität verteidigen. Wesentlich bedeutsamer dürfte aber sein, das Wie der Behandlung der Inhalte zu verändern. Hier zeichnet sich nämlich ab, dass Bernfeld (1973) mit der Rede seines fiktiven Ministers Macchiavell Recht behält:

„Und das ist die Lächerlichkeit der didaktischen Situation. Da denkt, schreibt, experimentiert, agitiert sie redlich und fleißig – und sieht nicht, daß ihr Tun unnütz ist, weil es am falschen Ort geschieht.“ (S. 28f.)

4. Die Prozesse

Die Verbindungen zwischen den Ecken des didaktischen Dreiecks stellen Beziehungen her. Diese Beziehungen, etwa die zwischen Lehrendem und Inhalt können unter einer Vielzahl von Aspekten betrachtet werden, unter denen hier eine Auswahl getroffen werden muss. Die Beziehung zwischen Lehrendem und Inhalt wird im Folgenden unter dem Aspekt der Auswahl und der Aufbereitung von Inhalten behandelt, die zwischen Lernendem und Inhalt unter dem der Verarbeitung und des Lernens die zwischen Lehrendem und Lernendem unter den Aspekten der Interaktion und Kommunikation.

Wie bereits die Ecken des Dreiecks können auch diese Beziehungen sehr unterschiedlich interpretiert werden. Das ist in der Vergangenheit so gewesen und ist heute immer noch so. Am Beispiel der Aneignung von Inhalten durch die Schüler: Zwischen denen, die eine klar strukturierte lehrgangsmäßige Aneignung von Inhalten befürworten und denen, die eher einen spielerischen Zugang zu diesen Inhalten vorziehen, klaffen tiefe Gräben. Grundlage dieser Lagerbildung ist weniger gesichertes Wissen aus der Lehr-/Lernforschung (vgl. z.B. Meyer 2004), sondern ein unterschiedliches Verständnis vom guten Leben. Didaktische Überlegungen können weder unterschiedliche Vorstellungen guten Lebens harmonisieren oder einen überlegenen Richterspruch fällen, noch empirische Befunde bereitstellen, die zwingend die Überlegenheit eines bestimmten Lernprinzips oder einer bestimmten Lehrer-Schüler-Beziehung zeigen (ebd.). Die Entscheidung des Praktikers bleibt daher grundsätzlich eine unter Unsicherheit. Didaktische Überlegungen können allerdings dazu beitragen, dieses Handeln zu einem reflektierteren zu machen.

Für die folgenden Überlegungen gilt: Natürlich stehen die Seiten des didaktischen Dreiecks und die Beziehungen zwischen ihnen in einem Interdependenzverhältnis. So hängt z.B. die Auseinandersetzung des Lehrers mit den Inhalten nicht nur von seinem Selbstverständnis, sondern z.B. auch von seinem Schülerbild, seinen Vorstellungen von fruchtbaren Lernprozessen oder wünschenswerten Kommunikationsformen im Unterricht ab. Diese Beziehungen können nicht erschöpfend dargestellt und diskutiert werden. Die folgende Behandlung klammert diese Interdependenzen aus und konzentriert sich auf ausgewählte Aspekte der jeweiligen Relation, z.B. der Relation Lehrer – Inhalt.

4.1 Auswählen und aufbereiten

Wenn Inhalte zu Unterrichtsgegenständen werden, verändern sie sich. Das weiß jeder Schüler. Um dies meinen Studierenden als ehemaligen Schülern wieder erfahrbar und präsent zu machen, habe ich einmal zu Beginn eines Seminars einen Ghettoblaster auf den Tisch gestellt und die Anfänge des Stückes „Cocaine“ von Eric Clapton abgespielt. Daran anschließend habe ich die Studierenden gefragt, wie dieses Stück im Alltag vorkommt, ob sie sich damit im Seminar befassen wollten und, wenn ja, wie? Das Ergebnis der kleinen Übung:

- Im Alltag würden die Studierenden sich bei dem Stück entspannen, vielleicht dazu tanzen.
- Im Seminar würden es nur wenige behandeln wollen.
- Die Vorschläge für diesen Fall: Man könne über die Situation der Jugend und Drogenprobleme sprechen.

Man sieht, was sich verändert: Aus einem weitgehend unreflektierten ganzheitlichen Erfahren und Genießen wird sozial und gesellschaftlich verantwortungsbewusstes Reflektieren.

Dass eine Differenz zwischen Alltags-Wissen und Schul-Wissen besteht, ist zunächst einmal wenig überraschend, denn Zweck der Schule war und ist es ja gerade, Heranwachsenden zu vermitteln, was sie so im Alltag nicht lernen. Schule ist also von Beginn an das Gegenstück zum Alltag, zumindest Kompensation seiner Defizite.

Gegenstand der pädagogischen Diskussion ist allerdings immer wieder, wann und in welcher Form diese Gegenwirkung (in der Terminologie Schleiermachers) oder die Kompensation sinnvoll ist. Und seit der reformpädagogischen Diskussion zu Beginn des 20. Jahrhunderts ist immer wieder Gegenstand engagierter Auseinandersetzungen gewesen, wo Gegenwirkung und Kompensation sogar schädlich sind. Kritisiert wird die Lebensferne und Künstlichkeit der Schule, z.B. unter dem Titel „Die künstliche Schule und das wirkliche Lernen“ (Rumpf 1986)[3]. Die Reformpädagogik zu Beginn des 20. Jahrhunderts und die Bildungsreformen der 70er Jahre haben eine große Zahl von Reformversuchen hervorgebracht, die diese Lebensferne und Künstlichkeit vermeiden oder abschwächen sollten.

Bevor näher auf diese Auseinandersetzung eingegangen wird, ist vorab festzuhalten, dass es dabei nicht um ein Entweder-oder gehen kann. Jede

3 In Abhängigkeit davon, wie großzügig man die Suchkriterien anwendet, findet man natürlich auch für eine verstärkte Erfahrungs- und Alltagsorientierung Vorläufer, etwa bei Comenius, den Philantropen, bei Pestalozzi, bei Rochow, ja sogar bei den Herbartianern.

Abbildung 5: der aufgespießte Schmetterling, © Marie Marcks

geplante, institutionalisierte pädagogische Maßnahme ist per se künstlich, auch wenn sie im Rahmen der Schule selbstbestimmtes Lernen, Projektarbeit o.ä. vorsieht und „Schule als Erfahrungsraum" (v. Hentig 1973) ermöglichen will. Sie kann immer nur selbstbestimmtes Lernen im vorgegebenen Rahmen inszenieren – wie dies z.B. Rousseaus fiktiver Entwicklungsroman „Emile" (1972) deutlich illustriert.[4] Künstlichkeit und Natürlichkeit sind in diesem Zusammenhang also nicht absolut zu verstehen, auch wenn von manchen Autoren gern dieser Eindruck erweckt wird. Es geht um Art und Ausmaß der Künstlichkeit.

In der kontroversen Diskussion, ob denn das Lernen in der Schule eher als Beraubung (vgl. v. Hentig 1973, S. 16) oder als Bereicherung zu verstehen sei, ist mehrfach das folgende Bild von Marie Marcks benutzt worden (vgl. Diederich 1988, 63ff.; Ramseger 1991, S. 101ff.).

Diejenigen, die Unterricht als Beraubung kritisieren, sehen hier den lebendigen Schmetterling, der vom Unterricht abhält. Das Leben wird ausgesperrt und durch den schulförmigen, aufgespießten Schmetterling ersetzt. Diese Position betont, dass Dinge für den Unterricht aus ihren natürlichen Zusammenhängen gerissen, entstellt und schulförmig aufbereitet werden. So wird z.B. die Einteilung des schulischen Alltags in Zeiteinheiten kritisiert, weil sie den Lernprozess zerstückelten: „Schule ist ein Ort, wo Dinge oft stattfinden, weil die Zeit dafür da ist, und nicht, weil's die Menschen danach verlangt" (Jackson 1973, S. 19).

4 Rousseau beschreibt darin die ideale Erziehung des Jungen Emile in einer pädagogisch arrangierten Sonderwelt auf dem Lande, die schädliche Einflüsse der umgebenden Gesellschaft von dem Heranwachsenden fernhält.

Die Gegenposition (z.B. Diederich 1988; Prange [2]1986), die Unterricht als Bereicherung versteht, hält dem entgegen, dass das eben Sinn der Schule sei: Exemplarisch, modellhaft, typisierend am Ideal-Schmetterling zu zeigen, was sich am lebenden nicht zeigen lässt, weil der weder lang genug still hält, noch vollständig dem Ideal entspricht. Positionen, die den Unterricht als Bereicherung verstehen, gehen üblicherweise von einer Kritik der alltäglichen Lebensverhältnisse der Lernenden aus. Sie betonen die eingeschränkten Lern- und Entwicklungsmöglichkeiten, die sie den Heranwachsenden bieten. So wird z.B. hervorgehoben, dass das Leben draußen ungeordnete Eindrücke hinterlässt, dass die flüchtige und zufällige Abfolge von Erfahrungen weder zu gründlichen Kenntnissen, noch zu einer differenzierten Auseinandersetzung mit ihnen führt.

Bereits Herbart arbeitet *beide* Aspekte – Unterricht als Beraubung und als Bereicherung – deutlich heraus, um dann aber über diesen Gegensatz hinauszugehen. Zunächst charakterisiert er Erfahrung und Umgang im Alltag als „freies und volles Leben" und „Genuß der dargebotenen Fülle" (i. Orig. hervorgeh., [5]1976, S. 81). Und räumt dann ein, dass der Unterricht mit dieser Fülle nicht wetteifern könne. Unterricht könne entsprechend nicht ohne Erfahrung und Umgang auskommen: „Es ist, als ob man des Tages entbehren und sich mit Kerzenlicht begnügen sollte" (ebd).

Dem hält er aber entgegen, wie zufällig und begrenzt die Lern- und Entwicklungsmöglichkeiten sind, die Erfahrung und Umgang bieten. Und es sei Aufgabe und Vorrecht des Unterrichts, diese Grenzen zu überspringen und – in Herbarts Formulierung – „Steppen und Moräste zu überfliegen".

> „Aber am Ende (…) fällt es leicht auf, wie beschränkt die Gelegenheiten sind, die an der Scholle kleben, – wie weit der wahrhaft ausgebildete Geist darüber hinausgeht. Auch das vorteilhafteste Lokal hat so enge Grenzen, wie man sie der Bildung eines jungen Menschen, den nicht die Not einengt, zu stecken nimmermehr verantworten könnte (…) wieviel reicher an Einsicht der Begriff als die Anschauung, ja wie unentbehrlich fürs Handeln der Gegensatz zwischen dem Wirklichen und dem, was sein sollte?" ([5]1976, S. 81ff.)

Es geht also schon bei Herbart nicht um Unterricht *oder* das Leben draußen, sondern um eine Verbindung der spezifischen Lernzugänge, die in den verschiedenen Lebensbereichen möglich und kennzeichnend sind.

Noch einmal neuzeitlicher formuliert: Die Erfahrungen, die im Alltag gewissermaßen nebenbei gemacht werden können, sind zwar unmittelbar und reichhaltig, aber ungeordnet und nicht immer in ihren wesentlichen Aspekten zugänglich. Aus pädagogischer Sicht finden sie nur zufällig zur richtigen Zeit, in der richtigen Reihenfolge und Intensität und dazu noch in den wesentlichen Aspekten vollständig statt.

Wenn der Lernende nicht dem Zufall und seinen spontanen Impulsen überlassen wird, sondern Inhalte ausgewählt und Erfahrungen zum Zweck optimierten Lernens arrangiert werden, sind zwei Aspekte zu unterscheiden: was als Inhalt ausgewählt wird und wie die Auseinandersetzung mit diesem Inhalt gestaltet wird.

Auch wenn als ein zentrales Anliegen von Comenius gern hervorgehoben wird, „alle Menschen alles zu lehren" (z.B. Martial 2002, S. 90), konnte natürlich schon im 17. Jahrhundert nicht mehr alles vermittelt werden, das wissbar war. Und so ist dann im „Vortrag" des „Orbis Pictus" (1658, Nachdruck 1978) auch davon die Rede, dass man mit den „blossen Abrissen der Dinge" und den „Hauptsachen" (und nicht „der ganzen Welt") die Aufgaben für die Lehrlinge „wenig/kurz/einfach und ohne Umstände" vorstellen wolle. Es geht also nicht um alles, sondern ein möglichst umfassendes Bild der Welt, das vermittelt werden soll. Dieser Anspruch liegt allerdings immer noch weit über dem, der dann zu Beginn der allgemeinen Schulpflicht für die Volksschulen der Aufklärungszeit typisch war: etwas lesen, schreiben, rechnen, beten und singen.

Was aber sind die „Hauptsachen", die die Heranwachsenden lernen sollen? Die Antwort hierauf ist historisch immer wieder anders ausgefallen. Auch wenn die Zeitgenossen ihre Sicht der Welt jeweils als die einzig sinnvolle angesehen und im „fröhlichen Bewußtsein unbedingter Geltung dieser Ideale" gelebt haben, wie Dilthey (1971) es formuliert, so hat doch nach seiner Einschätzung „kein Versuch, das sittliche Ziel der Menschheit zu definieren, das Ziel der Erziehung daraus abzuleiten, auf Allgemeingültigkeit Anspruch" (S. 130). Entsprechend kritisiert Dilthey die Überzeugung, allgemeingültige Urteile über die „Werte der Lehrgegenstände" (S. 83) fällen zu können.

Sieht man von der herbartianischen Pädagogik der zweiten Hälfte des 19ten Jahrhunderts ab, die sich solche Gewissheiten durchaus zutraute – und auf die Dilthey mit geringem zeitlichem Abstand zurückblickte – ist unter wissenschaftlich arbeitenden Pädagogen seit der Aufklärungszeit mit ihren radikalen Veränderungen in allen Lebensbereichen weitgehend unstrittig, dass sichere Aussagen darüber, was jemand nicht nur jetzt, sondern in der Zukunft wissen und können sollte, nicht möglich sind. Ob nun bei Herbart von der „Vielseitigkeit des Interesses" oder bei Humboldt von der „allgemeinen Bildung" die Rede ist, es geht ihnen nicht darum, dass jemand viel von dem weiß, was zeitbedingt gerade wichtig genommen wird, sondern dass er Bereitschaften und Fähigkeiten entwickelt, sich mit neuen Fragen auseinander zu setzen. Im Zentrum des pädagogischen Interesses steht also nicht so sehr, was jemand weiß, sondern wie er über das Gewusste verfügt. Heute spricht man davon, dass jemand das Lernen gelernt habe, über Schlüsselqualifikationen verfüge oder die entsprechenden Kompetenzen habe, sich Neues anzueignen. Noch einmal in der Formulierung Kants:

> „Kurz, er soll nicht Gedanken, sondern denken lernen; man soll ihn nicht tragen, sondern leiten, wenn man will, daß er in Zukunft von sich selbsten zu gehen geschickt sein soll.“ (1963, S. 68)

Natürlich ist es aus pädagogisch-didaktischer Perspektive nicht überflüssig, sich zu fragen, ob das, was im Unterricht vermittelt wird, für die Lernenden in Zukunft relevant sein wird. Dabei stößt man dann auf überfrachtete Lehrpläne, überholte Inhalte oder Fächer. Und man stößt auf bemerkenswert variable Rechtfertigungen dessen, was sich wie auch immer im Lehrplan gehalten hat: Hatte Latein z.B. früher einmal eine klar erkennbare praktische Verständigungsfunktion, soll es heute klares Denken fördern und das Erlernen anderer Fremdsprachen erleichtern. Dazu die karikierende Entsprechung im „Säbelzahn-Curriculum“ – dort geht es um die Sinnhaftigkeit der Übungen zum Tigervertreiben:

> „‚Aber verdammt‘, explodierte ein Radikaler, ‚wie kann ein normaler Mensch an so nutzlosen Tätigkeiten interessiert sein (…) warum sollen Kinder versuchen, Tiger mit Feuer zu jagen, wenn die Tiger ausgestorben sind?‘
> „‚Seid nicht albern‘, sagten die alten Männer (…). ‚Wir lehren die Tigervertreibung nicht, um Tiger zu vertreiben, sondern wir lehren sie mit dem Ziel, einen erhabenen Mut zu vermitteln, den man im ganzen Leben braucht‘“ (Peddiwell 1974, S. 42).

Die Frage danach, ob (noch) relevant ist, was der Lehrplan enthält, und ob auf der anderen Seite wichtige Inhalte fehlen, sollte allerdings nicht in den Hintergrund treten lassen, *wie* die Inhalte vermittelt werden. Dabei sind zwei Aspekte zu unterscheiden. Der erste: Wie zu Diltheys Zeiten werden insbesondere Gymnasiallehrer weiterhin vorwiegend als Fachwissenschaftler ausgebildet, nicht als Vermittler und Lehrer (vgl. Herrmann 2002). Die Aufbereitung von Inhalten entsprechend der Fachsystematik ist danach vertraut, vertrauter jedenfalls als eine psychologisch-didaktische, die vom Schüler, seinen Voraussetzungen, Lernmöglichkeiten und -gewohnheiten aus fragt. So entsteht ein Unterricht, der systematisch seine Adressaten verfehlt. Nach meiner Erinnerung war es Thomas Mann, der dafür einmal das Bild eines Zuges benutzte, der exakt den Fahrplan einhält, aber seine Fahrgäste auf dem Bahnsteig zurücklässt.

Schwerwiegender als eine psychologisch-didaktisch ungeeignete Aufbereitung von Inhalten ist eine Weise der Beschäftigung mit den Inhalten, die die Schüler unselbständig hält und entmündigt, wie das Kästner in seiner „Ansprache zum Schulbeginn“ formuliert hat:

> „Früchtchen seid ihr, und Spalierobst müßt ihr werden! Aufgeweckt wart ihr bis heute, und einwecken wird man euch ab morgen! So, wie man's mit uns getan hat. Vom Baum des Lebens in die Konservenfabrik der Zivilisation, – das ist der Weg, der vor euch liegt.“ (1972, S. 233)

Dabei geht es nicht so sehr um offensichtliche Formen der Unterdrückung, sondern um die eher beiläufige Gewöhnung daran, dass eigenes Denken nicht gefragt ist und nur den vom Lehrer gewünschten Gang des Unterrichts aufhält. Auf diese Lernerfahrungen hat die Diskussion zum „Heimlichen Lehrplan“ ausführlich und mit beeindruckenden Beispielen hingewiesen (vgl. Fromm 1986). In der abgeklärten Formulierung eines englischen Schülers:

> „Too much interest would result in too little work.“ (Meighan 1978, S. 127)

Am Ende stehen dann Schüler, die dem Lehrer bereitwillig liefern, was er hören will, die alles ‚gehabt‘, aber nichts verstanden haben. Dass dies nicht nur eine Möglichkeit und Befürchtung ist, haben die PISA-Studien in den letzten Jahren gezeigt.

Exkurs zur Funktion der (neuen) Medien bei der Vermittlung

Wie erwähnt, konnte Herbart als besondere Möglichkeit des Unterrichts hervorheben, die Langeweile des Alltags zu verlassen und „Steppen und Moräste zu überfliegen“. Das bezog sich auf einen Alltag, in dem der Erfahrungs- und Wissenshorizont der meisten Menschen extrem begrenzt war. In dieser Zeit, in der die bekannte Welt für die meisten Menschen außerhalb des eigenen Dorfes endete, konnte der Unterricht spektakuläre Eindrücke von anderen Welten vermitteln. Das ist in der heutigen Medienwelt nicht mehr der Fall. In einem Betrag der Wochenzeitung „Die Zeit“ (2000) wurde die Situation heutiger Jugendlicher so charakterisiert:

> „Ob ferne Länder, die Liebe oder der Anblick von Leichen – wer heute 16 ist, hat alles schon gesehen, bevor er es erlebt." (S. 4)

Der Versuch der Schule, mit dieser Fülle wetteifern zu wollen, ist aussichtslos und in der absehbaren Gefahr, im günstigen Fall zur schlechten Kopie, im ungünstigen Fall zur Karikatur zu werden. Im Wettbewerb mit dem Medien-Wissen um Fülle und Genuss kann Schul-Wissen bestenfalls notdürftig bestehen, und das auch nur unter Preisgabe pädagogischer Zielvorstellungen, wenn mit Blick auf die Konkurrenz ausgeklammert bleibt, was unangenehm ist, Mühe bereitet, Ausdauer verlangt, nicht bunt ist und keine lustigen Geräusche macht. Wesentlich problematischer als derartige Albernheiten dürfte allerdings ein Ablenkungs- und Beruhigungseffekt neuer Medien sein, wenn vordergründige Zugeständnisse an die Medienwelt durch Einsatz von Lernsoftware, Smartboards, Mind Maps und Powerpoint-Präsentationen gemacht werden. Was auf diese Weise schicker und neuzeitlicher daherkommt, ist häufig nur technisch, aber nicht didaktisch reflektierter, es wird nur bunt an die Wand geworfen und gibt dem, der seinen Schmierzettel als Mind Map präsentiert, möglicherweise noch das falsche Gefühl pädagogischer Professionalität. Die aber zeigt sich, mit Kant gesprochen, immer noch daran, ob die Schüler, mit oder ohne neue Medien, „denken lernen" (1963, S. 68).

4.2 Verarbeiten und Lernen

Das Verhältnis zwischen Lernendem und Inhalt wird in der pädagogischen Tradition vorwiegend unter zwei Überschriften behandelt: „Lernen" und, wenn das nicht in der gewünschten Weise stattfindet, „Motivation".

Zur Verständigung sollen vorab zwei Arbeitsdefinitionen eingeführt werden, die trotz der Vielfalt alternativer Definitionen von den meisten Pädagogen akzeptiert werden dürften:

„Lernen" bezeichnet eine relativ überdauernde Veränderung des Verhaltens, Denkens und Erlebens.

Das ist im Kern die bekannte Definition der Lerntheoretiker Hilgard und Bower (1971)[5], allerdings erweitert um die Aspekte Denken und Erleben – Hilgard und Bower beschränken sich als behaviouristische Lerntheoretiker in ihrer Definition auf das beobachtbare Verhalten. Diese Beschränkung ist dadurch begründet, dass wir von inneren Prozessen anderer Personen, wie z.B. ihren Gedanken, nur etwas durch ihr Verhalten erfahren. Was die eigene Person betrifft, ist es allerdings durchaus möglich, von Veränderungen im Denken und Erleben zu wissen, die sich (noch) nicht im Verhalten niederschlagen. Deshalb die Ergänzung in der oben formulierten Arbeitsdefinition.

„Motivation" bezeichnet die situative Umsetzung einer Bereitschaft, eines „Motivs".

Diese Definition ist sehr gebräuchlich, sie unterscheidet zwischen einer stabilen, situationsüberdauernden Bereitschaft, dem Motiv, z.B. Sport zu treiben, und dem tatsächlichen Verhalten gemäß diesem Motiv in einer bestimmten Situation. Dabei ist das Motiv, wie oben Denken oder Erleben eine nichtbeobachtbare, konstruierte Größe, etwas, das man sich als Auslöser des beobachtbaren Verhaltens vorstellt.

Die „Motivation" gehört zu den Standardthemen der pädagogischen Psychologie, die Beschäftigung mit ihr dürfte unter Pädagogen als selbstverständlich gelten. Deshalb eine Anmerkung zur Nicht-Selbstverständlichkeit unserer Beschäftigung mit der Motivation: Über Motivation wird deshalb so viel geschrieben, weil sie fehlt. Und sie fehlt, wenn die Menschen lernen und tun sollen, was sie von sich aus nicht lernen und tun würden. Trapp rät 1780:

> „Eine notwendige Regel bei Erziehung und Unterricht scheint mir die zu sein, daß man sich in jedem Zögling Abneigung oder wenigstens Gleichgültigkeit gegen das vorstelle, was er tun soll" (1913, S. 91).

Zur Erinnerung: Unterricht ist eine Maßnahme, um bei Schülern Lernprozesse zu fördern, die nicht stattfänden, wenn man die Schüler sich selbst überließe. Deshalb spricht Schleiermacher (1964) auch davon, dass man von

5 Die genaue Formulierung dort: „Lernen ist ein Vorgang, durch den eine Aktivität im Gefolge von Reaktionen des Organismus auf eine Umweltsituation entsteht oder verändert wird. Dies gilt jedoch nur, wenn sich die Art der Aktivitätsveränderung nicht auf der Grundlage angeborener Reaktionstendenzen, von Reifung oder von zeitweiligen organismischen Zuständen (z.B. Ermüdung, Drogen usw.) erklären läßt." (ebd. S. 16)

den Schülern ja erwarte, einen Augenblick ihres Lebens für einen zukünftigen zu opfern, wenn man von ihnen verlange, sich mit einem bestimmten Inhalt zu beschäftigen – während sie eigentlich viel lieber etwas anderes tun würden.

Da diese Zumutung konstitutiv für den schulischen Unterricht ist, hat die Beschäftigung damit, wie man Schüler *trotzdem* zum Lernen bringt, eine lange Tradition. Dabei klaffen allerdings die Bewältigungsversuche in Theorie und Praxis deutlich auseinander. Während pädagogische Theorien versuchen, das Lernen angenehmer zu machen[6] – wie z.B. Comenius mit der anschaulichen Darstellung der Lerninhalte im Orbis Pictus – ist in der Praxis häufiger bestimmend, wie man das Nicht-Lernen möglichst unangenehm macht, etwa durch Verweise, schlechte Noten usw. Lerntheoretisch gesprochen: Während die Theorie eine positive Kontrolle des Verhaltens betonte, war und ist in der Praxis eine aversive Kontrolle von erheblicher Bedeutung, allerdings subtiler als zu den Zeiten, in denen Prügel an der Tagesordnung waren.

Wenn man versucht, die verschiedenen Lerntheorien zu ordnen, sind zwei Dimensionen nützlich:

- innen-außen
- aktiv-passiv

Bei der Dimension innen-außen geht es darum, wo die Kontrolle der Lernprozesse lokalisiert wird. In anderen Kontexten, wie der Intelligenzforschung, würde man von der Unterscheidung Anlage-Umwelt sprechen. Geht man von einer weitgehenden Innensteuerung aus, bei der sich angeborene Voraussetzungen und Entwicklungstendenzen entfalten, beschränkt sich pädagogische Arbeit darauf, äußere Hindernisse, die der natürlichen Entwicklung im Weg stehen, aus dem Weg zu räumen, wo diese Entwicklung gesellschaftlich erwünscht ist, und sie zu blockieren, wo sie gesellschaftlich schädlich ist. Rousseaus Vorstellungen, wie er sie im Roman „Emile“ darlegt, gehen in diese Richtung:

> „Alles ist gut, wie es aus den Händen des Schöpfers kommt; alles entartet unter den Händen des Menschen“ (1972, S. 9).

Ähnliche Aussagen, häufig unter Berufung auf Rousseau, finden sich in neueren Vorstellungen, die ein möglichst ungestörtes Wachsenlassen propa-

---

6 Das gilt in neuerer Zeit übrigens gerade auch für die von Erziehungswissenschaftlern gern kritisierten traditionellen behaviouristischen Psychologen (vgl. z.B. Skinner 1968).

gieren, wie z.B. viele Konzepte der sogenannten Reformpädagogik. So z.B. Berthold Otto:

> „Wir wollen den Kindern ganz und garnichts *beibringen*; wir wollen in erster Linie von ihnen lernen." (1903, S. 322)

Oder:

> „Mein Unterrichtsprinzip war nun also, das ganze Unterrichtsverfahren lediglich auf das Interesse der Kinder zu begründen, das heißt also, den kindlichen Geist vollkommen frei wachsen zu lassen, ohne irgendwelche Versuche zu machen das Wachstum nach dieser oder jener Richtung hin zu drängen oder in dieser oder jener anderen Richtung zu hemmen." (1908, S. 75)

Zu den Ansätzen, die eine weitgehende Innensteuerung von Lernprozessen annehmen, gehören, wenn auch weniger optimistisch, Triebtheorien, etwa aus Ethologie und Psychoanalyse. Diese betonen den Einfluss angeborener Strebungen, die gesellschaftlich bestenfalls in unschädliche Bahnen gelenkt, aber nicht in ihrer Entstehung beeinflusst werden können. Bei diesen Ansätzen ist der Mensch ein Opfer seiner guten oder schlechten Anlagen.

Die entgegengesetzte Annahme einer weitgehenden Außensteuerung sieht ihn als Produkt seiner Umwelt. Er ist gewissermaßen ein unbeschriebenes Blatt, auf dem Umgang und Erfahrung ihre Einträge hinterlassen. Pädagogisch betrachtet ergeben sich daraus stärkere Handlungsmöglichkeiten und -notwendigkeiten.

Die Dimension aktiv-passiv erscheint in den Lerntheorien im Extrem so, dass man sich einmal den Menschen als neugierig, wissensdurstig und experimentierfreudig vorstellt. Er sucht Situationen auf, beschafft sich Informationen und verarbeitet sie. Dieser Mensch ist gewissermaßen geistig ständig in Bewegung. Dem steht das Bild eines Menschen gegenüber, der zunächst wie ein Stein in einem Ruhezustand ist und erst in Bewegung kommt, wenn er von außen angestoßen wird und auch nur solange in Bewegung bleibt, wie die Anstöße andauern. Diesen trägen Menschen hatte Kant vor Augen, wenn er in „Was ist Aufklärung?" (1997, S. 39) schreibt:

> „Faulheit und Feigheit sind Ursachen, warum ein so großer Teil der Menschen, nachdem sie die Natur längst von fremder Leitung freigesprochen, dennoch gerne zeitlebens unmündig bleiben, und

warum es anderen so leicht wird, sich zu deren Vormündern aufzuwerfen. Es ist so bequem, unmündig zu sein."

Idealtypisch vereinfachend sind für die pädagogische Arbeit immer wieder zwei Typen von Lerntheorien bestimmend: Solche, die Lernprozesse programmieren und solche, die Lernprozesse anregen wollen. Die erstgenannten halten eine hohes Maß an Außensteuerung für möglich und in der Regel auch für notwendig. Die letztgenannten sehen deutlich geringere Möglichkeiten der Außensteuerung, halten sie zumindest für pädagogisch problematisch. In der praktischen Realisierung erscheint die Alternative nicht selten zugespitzt als: abfüllen oder animieren?

Programmierung von Lernprozessen

In der einfachsten Form erscheint hier Lernen als das Befüllen des leeren Gefäßes Schüler mit Inhalten und als die spätere Reproduktion dieser Inhalte. Für dieses Verständnis wird häufig der Begriff des „Nürnberger Trichters" verwendet.

In der Frühzeit schulischen Unterrichts bestand die entsprechende Unterrichtsmethode darin, den Schülern den zu vermittelnden Inhalt so oft vorzusprechen und von ihnen nachsprechen zu lassen, bis sie auf kurze Auslösefragen den gewünschten Inhalt reproduzieren konnten. Dieses Verfahren, die sogenannte „Katechese", die aus der kirchlichen Unterweisung übernommen wurde, zielt allein auf die korrekte Reproduktion, denken ist dabei nicht vorgesehen, ja nicht einmal erwünscht.

Dieses Vorgehen ist primitiv, aber für bestimmte Zwecke, wenn eben schlichte Beachtung von Vorgaben ohne eigene Zutat und Variation als notwendig angesehen werden, angemessen. Das gilt auch heute noch. Henningsen (1974, S. 59f.) hat das beispielhaft an der Vorbereitung auf die schriftliche Führerscheinprüfung verdeutlicht. In diesem Fall gibt es einen „aufs Wesentliche zusammengestrichenen Wissensbestand, dessen Text unverrückbar festliegt und auf auslösende Fragen hin Stück für Stück wieder ausgespuckt werden muß" (S. 59). „Ein solcher Text schreit nach der Katechismus-Methode – und er wird in aller Regel auch nach ihr eingetrichtert" (S. 60). Dieses Vorgehen und das implizite Verständnis des Lernens bestimmen in der Form des Unterrichts‚spieles' „Nun ratet mal, was ich von Euch hören will." häufig allerdings auch dort schulische oder sogar universitäre Vermittlung, wo offiziell eine selbständige Auseinandersetzung mit den Inhalten propagiert wird. Dazu dürften neben einer unzureichenden Lehrerausbildung, die zur Reproduktion von Verhaltensmustern führt, die man aus der eigenen Schulzeit kennt (vgl. z.B. Dilthey 1971, S. 8f.), indirekt auch Maßnahmen zur Standardisierung im schulischen Bereich beitragen. Wo zu festgelegten Zeitpunkten bestimmte Ziele erreicht und in einer standardisierten Form überprüft werden müssen, richtet sich wenig überraschend bereits der Vermittlungsprozess an dieser Überprüfung aus, so dass Inhalte vorzugsweise in einer Weise vermittelt werden, die später eine standardisierte Überprüfung ermöglicht. Eine flexible und eigenständige Auseinandersetzung mit ihnen ist dabei störend.

Das Trichtermodell kann innere Vorgänge der Lernenden ignorieren, weil es nur um eine korrekte Reproduktion von Inhalten geht und eine weitere Verarbeitung nicht interessiert. Das ändert sich grundsätzlich mit den assoziationspsychologischen Lernmodellen, die im 18. und 19. Jahrhundert große Bedeutung erlangten. Diesen Modellen ging es nämlich gerade darum, die psychischen Verarbeitungsprozesse möglichst präzise zu analysieren und Gesetzmäßigkeiten dieser Verarbeitung zu formulieren, um auf dieser Basis dann gezielt Lernprozesse steuern zu können.

Wenn Herbart eine psychologische Fundierung pädagogischen Handelns fordert, dann geht es ihm insbesondere darum, dieses Handeln auf gesicherte Befunde zum Lernen auf der Basis der Assoziationspsychologie zu stützen. Hierin sind ihm die Herbartianer und auch viele Nicht-Herbartianer im Laufe des 19. Jahrhunderts gefolgt.

Der Grundgedanke dieser Psychologie besteht darin, dass sich neue Eindrücke, die eine Person erfährt, mit früheren Eindrücken verbinden. Das ist zunächst wenig aufregend. Aufregender ist die Annahme, dass diese Eindrücke zu mehr oder weniger intensiven Vorstellungen führen, die wiederum, wenn sie aufeinandertreffen, je nach Konstellation spezifische Effekte haben: sich verstärken, schwächen, Übergänge zu einer anderen Qualität (z.B. Erregung von Emotionen) bewirken. Ziel der Assoziationspsychologie ist es nun, die Entstehung von Vorstellungen und ihr spezifisches Potential in Assoziationen zu beschreiben und zu analysieren, um darauf aufbauend prospektiv Anweisungen für die optimale Vermittlung von Inhalten geben zu können. Das sieht bei den Herbartianern z.B. so aus:

> „Angenommen, eine ältere Vorstellungsreihe bestehe aus den Gliedern (einzelnen Vorstellungen) A B C D E F, eine neuherantretende aus A B c d e f. Da beide Vorstellungsreihen zwei gleiche Glieder (A B) besitzen, so wird die alte Reihe durch die neue reproduziert. Sind nun C und c, D und d disparate (verschiedenartige, unvergleichbare), E und e, F und f konträre (entgegengesetzte, vergleichbare) Vorstellungen, so tritt bei C und c, ebenso bei D und d zwar keine Hemmung, aber auch keine Verstärkung ein, während

bei E und e, ebenso bei F und f eine Hemmung stattfindet, die unter Umständen so groß ist, daß die ganze ältere Reihe dadurch wieder zurückgedrängt wird. Doch nur anfangs, solange nämlich, als die neue Reihe z.B. infolge fortgesetzter Reizung der betreffenden Empfindungsnerven sich kräftiger zeigt als die ältere. Nachdem sich die Hemmung vollzogen hat, zeigt sich die ältere Reihe der neuen in der Regel wieder überlegen, es folgt zunächst die (vollkommene) Verschmelzung der Vorstellungen A B beider Reihen, dann diejenige der Vorstellungen C D und c d, endlich die (unvollkommene) Verschmelzung der ungehemmten Reste der Vorstellungen E F und e f." (Hartmann [5]1910, S. 24f.)

Man sieht, es geht um die präzise Vorhersage psychischer Prozesse zum Zweck ihrer verlässlichen Steuerung. Auf der Basis des Wissens über psychische Gesetzmäßigkeiten wird dann der Schüler in der Formulierung Zillers „in die Notwendigkeit versetzt, in einer bestimmten Richtung fortzugehen" (1865, S. 27).

Diesem Ziel einer planmäßigen, sicheren Steuerung von Lernprozessen folgten auch die behaviouristischen Lerntheorien ab dem Beginn und die empirische Lehr-/Lernforschung ab den 70er Jahren des 20. Jahrhunderts. Brezinka charakterisiert das Programm der empirischen Erziehungswissenschaft so:

> „Damit ist ein Aussagesystem gemeint, das über Erziehungsziele und über jene Ausschnitte der Wirklichkeit, die für die Erreichung von Erziehungszielen relevant sind, in intersubjektiv nachprüfbaren Sätzen informiert. Insbesondere werden Gesetzmäßigkeiten gesucht, die zur Erklärung einschlägiger Tatsachen dienen, aber auch als Grundlage für Voraussagen und für die Beantwortung technologischer Fragen (‚Was kann getan werden, um das Ziel x zu erreichen?') benutzt werden können." (1978, S. 7f.)

In neuerer Zeit hat, wie bereits erwähnt, die neurowissenschaftliche Forschung die Hoffnungen verstärkt, man könne nun quasi den Geist bei der Arbeit beobachten und auf dieser Basis Lernprozesse gezielter steuern. Inzwischen ist sogar von „Neurodidaktik" (Herrmann [2]2009) die Rede.[7]

7 Zur Kritik vgl. z.B. Menck (2010).

Anregung von Lernprozessen

Bereits Kant weist darauf hin, dass man zwar auch Kinder wie Tiere dressieren könne, dass es darum aber pädagogisch nicht gehe:

> „Der Mensch kann entweder bloß dressiert, abgerichtet, mechanisch unterwiesen, oder wirklich aufgeklärt werden. Man dressiert Hunde, Pferde, und man kann auch Menschen dressieren. (…) Mit dem Dressieren aber ist es noch nicht ausgerichtet, sondern es kommt vorzüglich darauf an, daß Kinder denken lernen." (1963, S. 17)

Für manche Lernprozesse mag es durchaus ausreichen, den Menschen als „Grad-ein-bißchen-cleverer-als-die-Durchschnittsratte" zu behandeln, wie Bannister und Fransella (1981, XII) es einmal formuliert haben. Das bedeutet aber weder, dass neben den gewünschten nicht auch andere Prozesse ablaufen, und vor allem nicht, dass man auf diese Weise selbständig denkende Menschen ‚herstellen' könnte.

Zur Veranschaulichung der Unterschiede zunächst eine grafische Darstellung des einfachen Trichter-/Black-Box-Modells:

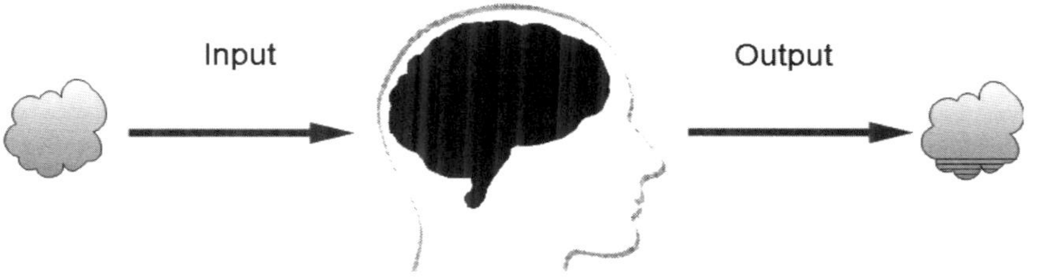

Abbildung 6: Lernen als Speichern

Hier besteht Lernen in der Speicherung und Reproduktion der jeweiligen Inhalte. Der schraffierte Bereich soll einen gewissen Schwund bezeichnen. Von „Black Box" ist deshalb die Rede, weil über das Innere des Speichers keine Annahmen gemacht werden.[8] Innere, kognitive oder emotionale Prozesse finden dabei keine Beachtung.

---

8 Watzlawick u.a. (^{4}1974) erläutern den Begriff so: „Er wurde im Krieg zunächst auf erbeutetes Feindmaterial angewendet, das wegen der möglicherweise darin enthaltenen Sprengladungen nicht zur Untersuchung geöffnet werden konnte" (S. 45).

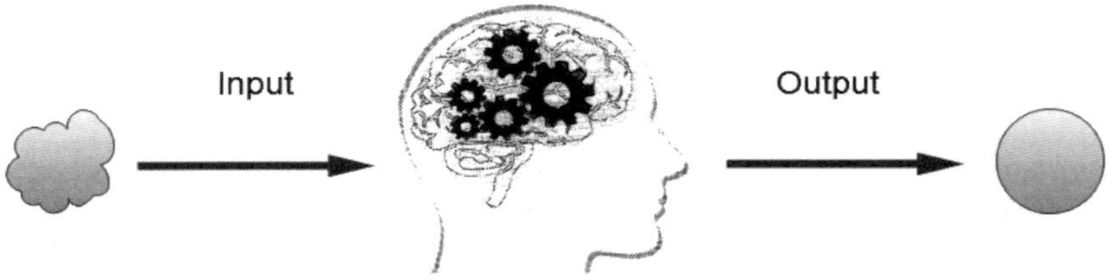

Abbildung 7: Lernen als mechanische Verarbeitung

Nun weiß natürlich jeder, dass Sinneseindrücke und Erfahrungen nicht einfach nur abgespeichert werden, so „daß bei unserem Handeln immer noch etwas anderes herauskommt, als was wir gewollt haben", wie es Spranger (1965, S. 8) sogar im „Gesetz der ungewollten Nebenwirkungen in der Erziehung" formuliert hat. Weil die Black Box nicht nur speichert, sondern den Input verändert, kommt am Ende nicht nur heraus, was wir erwartet haben, sondern auch Anderes, vielleicht auch *nur* Anderes.

Wenn es um Lernprozesse geht, bei denen den Lernenden eine eigenständige Verarbeitung der Inhalte nicht nur zugestanden wird, sondern dies ausdrücklich erwünscht ist, ergibt sich sogar die Situation, die im folgenden Schaubild dargestellt wird:

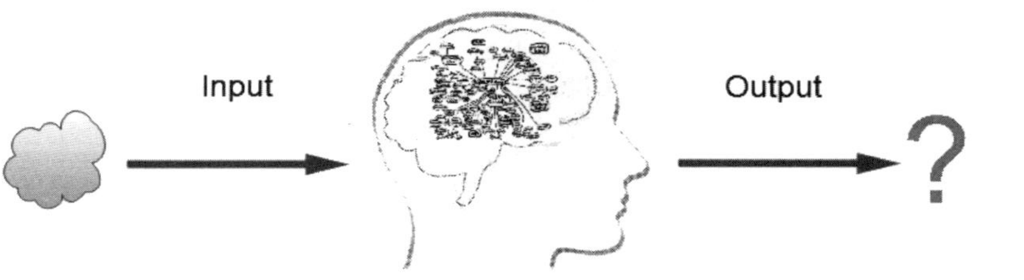

Abbildung 8: Lernen als Konstruktion

Das Fragezeichen soll hier aussagen, dass wir häufig nicht einmal wissen, was der Lernende aus dem Input macht und in welcher Form es wann seinen Ausdruck findet.

Ein konstruktivistisches Verständnis des Lernens

Im Zentrum des Interesses von konstruktivistischen Lernkonzepten steht diese Verarbeitung, der Prozess, in dem die Person aus ihren Wahrnehmungen ein ganz spezifisches Bild der Wirklichkeit ‚konstruiert'. Im Gegensatz zur oben angesprochenen Assoziationspsychologie gehen konstruktivistische Lernvorstellungen erstens nicht davon aus, dass es eine Realität ‚an sich' gibt, die einen eindeutigen Input liefert. Zweitens nehmen sie keine Geistesmechanik an, bei der Vorstellungen zuverlässig wie Zahnräder auf eine genau festgelegte Weise aufeinander wirken.

Zu aller erst fehlt für die Konstruktivisten ein Wissen von der Beschaffenheit der Welt ‚an sich', weil es einen unvermittelten Zugang zu dieser Welt (ohne Zwischenschaltung unseres Wahrnehmungs- und Verarbeitungsapparates) nicht gibt.

Platon gibt ein Gespräch des Sokrates mit Theaitetos so wieder:

> „*Sokrates:* Folgen wir nur dem eben vorgetragenen Satz, daß nichts an und für sich ein Bestimmtes ist, und es wird uns deutlich werden, daß Schwarz und Weiß und jede andere Farbe aus dem Zusammenstoßen der Augen mit der zu ihr gehörigen Bewegung entstanden ist, und was wir jedesmal Farbe nennen, wird weder das Anstoßende sein noch das Angestoßene, sondern ein dazwischen jedem besonders Entstandenes. Oder möchtest du behaupten, daß jede Farbe, eben wie sie dir erscheint, auch einem Hunde oder irgend einem andern Tiere erscheinen werde?
> *Theaitetos:* Beim Zeus, das möchte ich nicht.
> *Sokrates:* Aber wie? Erscheint einem andern Menschen irgend etwas gerade ebenso wie dir? Bist du dessen recht gewiß, oder vielmehr dessen, daß etwas nicht einmal dir selbst immer als dasselbe erscheine, da du niemals ganz auf dieselbe Weise dich verhältst?"
> (Platon, Theaitetos 579)

Ein ähnliches Beispiel macht Russell (1967, S. 11ff.), wenn er fragt, wann wir die wirkliche Farbe eines Tisches sehen, wenn sich diese doch je nach Betrachtungswinkel und Betrachter ständig anders darstellt. Die Antwort lautet wie bei Sokrates: Wir können es nicht wissen. Das Zusammenspiel der Eigenschaften des Gegenstandes mit unserer Wahrnehmung ergibt unser Bild dieses Gegenstandes, aber kein Abbild des Gegenstandes ‚an sich'. Allgemeiner formuliert: Das Bild ist gemeinsames Resultat der Gegebenheiten und der Methoden zu ihrer Erfassung.

Die Konstruktion der Realität, die unsere Sinne autonom bewirken, ist die erste Stufe eines komplexen Prozesses. Unsere Sinne registrieren bestimmte Reize (z.B. Frequenzen) nicht, reagieren selektiv (z.B. auf Bewegungen), schwächen ab (z.B. gleichbleibende Gerüche) oder verstärken (z.B. unterschiedliche Sensibilität in verschiedenen Körperregionen, s. Abbildung nach Leontjew 1973, S. 201).

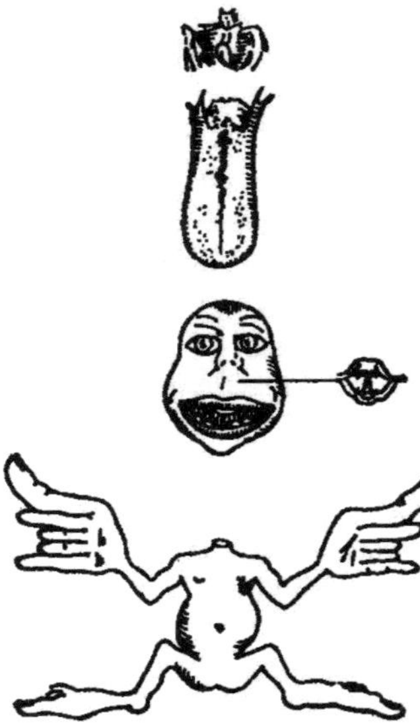

Abbildung 9: Sensibilität der Sinne

Dieser Verarbeitung durch den Wahrnehmungsapparat schließt sich die Konstruktion der Wirklichkeit an, die für pädagogische Fragen die eigentlich relevante ist: Die Herstellung von Kontexten, die den Erfahrungen Bedeutung verleihen.

In seiner „Psychology of Personal Constructs" nimmt Kelly (1991) als psychische Basisoperation die Unterscheidung zwischen Wahrnehmungen an: Gegebenheiten werden nicht als identisch wahrgenommen, sondern voneinander unterschieden und zueinander als ähnlich oder unähnlich in Beziehung gesetzt. Der wesentliche Punkt in didaktischer Hinsicht ist dabei, dass die Herstellung von Kontexten ähnlicher und verschiedener Erfahrungen zwar kulturellen Mustern folgt, letztlich aber individuell unterschiedlich ist, dazu noch lebensgeschichtlich variabel und in sich nicht logisch widerspruchsfrei. Ob sich ein Schüler z.B. über eine gute Note freut oder auf einen Unterrichtsimpuls mit Interesse reagiert, folgt nach diesem Ansatz nicht präzise vorhersagbaren Abläufen der Geistesmechanik, sondern ist individuell und situativ variabel.[9]

9 Deshalb war es den Behaviouristen ja auch nicht möglich, eine Gegebenheit ‚an sich' als Verstärker zu definieren, sondern nur über die Wirkung (Erhöhung der Auftretenswahrscheinlichkeit eines Verhaltens), die mal eintreten kann und dann auch wieder nicht.

Lernen findet nach konstruktivistischem Verständnis im Sinne der Personal Construct Psychology statt, indem die Person Wahrnehmungen ordnet (konstruiert), sich auf der Basis dieser Konstruktionen verhält, Erfahrungen mit diesem Verhalten macht, die bestehenden Konstrukte weiterentwickelt und gegebenenfalls verändert.

Lernen zu fördern, bedeutet nach diesem Verständnis nicht einfach, Informationen bereit zu stellen. Auch nicht, Informationen gemäß einer bestimmten Fachsystematik zu präsentieren. Notwendig sind vielmehr Anregungen und Hilfen, die es dem Schüler erlauben, das Neue sinnvoll zu seinen bereits vorhandenen Konstrukten in Beziehung zu setzen. Ansonsten besteht, wie bereits erwähnt, die Gefahr, dass der Schüler, wie Otto es formuliert, letztlich nur „fremde Phrasen zum Ausdruck fremder Gedanken mühsam zusammenkleistert" (1929, S. 227).

In der pädagogischen Literatur wird häufig der Eindruck vermittelt, ein persönlich bedeutsamer Lernprozess werde durch konkrete Erfahrung, „hands on", gefördert, er solle (in der Regel unter Berufung auf Pestalozzi) möglichst ganzheitlich Kopf, Herz und Hand in Anspruch nehmen. Konstruktivistisch betrachtet werden damit die Verknüpfungsmöglichkeiten und damit die Chancen vermehrt, subjektiv sinnvolle Bezüge zwischen dem Neuen und dem schon Bekannten herzustellen. In dieser methodischen Schlichtheit handelt es sich aber um ein Schrotschussverfahren, das von der Hoffnung lebt, dass viel viel hilft. In der Medienpädagogik hielt sich dazu in den letzten Jahren eine Zeit lang der Glaube, Lernprozesse ließen sich dadurch besonders gut fördern, dass man möglichst viele Informationskanäle (visuell, auditiv usw.) gleichzeitig benutzt – bis man feststellte, dass diese Rechnung so einfach nicht aufgeht (vgl. Sacher 2000, S. 51f.).

Aus konstruktivistischer Sicht wären begründete Angebote wünschenswert, die eine subjektiv sinnvolle Verarbeitung wahrscheinlicher machen können. Hein (1998) hat auf der Grundlage konstruktivistischer Überlegungen in Anspielung auf die Losung „hands on" davon gesprochen, es gehe eher um „minds on".

4.3 Interagieren und Kommunizieren

Was Lehrer im Umgang mit ihren Schülern vor allem beschäftigte, behandelte Zerrenner 1826 in seinem Standardwerk „Grundsätze der Schuldisziplin". Zu den alltäglichen Widrigkeiten des Schulehaltens dieser Zeit gehörten neben einer unzureichenden Ausbildung der Lehrer ungeeignete Unterrichtsräume und Materialien und eine unregelmäßige Unterrichtsteilnahme der Schüler je nach Arbeitsanfall auf dem Feld oder im Haus. Unter diesen Bedingungen reduzierte sich die Rolle des Lehrers häufig auf die des Dompteurs, der durchaus auch von den Eltern ermutigt wurde, im Zweifel fühlbar durchzugreifen. Die Interaktion mit den Schülern beschränkte sich, abgesehen von Strafmaßnahmen, üblicherweise auf wenige Minuten pro Schüler am Tag, in denen dessen Lernfortschritte einzeln abgehört wurden (vgl. Petrat 1979).

Verglichen mit dieser hilflosen Frühphase erscheinen dann schon Frontalunterricht und Katechese als pädagogisch kunstvoll (vgl. Petrat 1979). Organisatorisch optimiert wird die Unterrichtung großer Gruppen dann mit der Bell-Lancaster-Methode zu Beginn des 19ten Jahrhunderts.

Abbildung 10: Bell monitorial school 1818

In großen Hallen mit bis zu 350 Schülern werden nach straff getakteten Ablaufplänen kleinere Schülergruppen durch den organisierten Einsatz von Schülern als Hilfslehrern (monitors)[10] unterrichtet.

Grundsätzlich ändert sich dabei aber nicht, dass der Lehrer weder persönlich noch fachlich einen Bezug zum individuellen Schüler herstellen konnte. Er steht regelmäßig einer Masse gegenüber, aus der der einzelne Schüler nur zum Zweck der Prüfung oder Bestrafung heraustritt und dann als Person nicht von Bedeutung ist.

10 Die Betonung liegt dabei auf „organisiert". Fortgeschrittene Schüler wurden auch vorher als Hilfslehrer eingesetzt und wurden weitgehend auf diesem Weg in einer Art Meisterlehre für die Arbeit als Lehrer qualifiziert (vgl. Petrat 1979).

Abbildung 11: Bell monitorial school Kleingruppenunterricht

Im Konzept des erziehenden Unterrichts der Herbartianer hat der Lehrer dann deutlich erweiterte Aufgaben und Interaktion und Kommunikation mit den Schülern bekommen eine andere Bedeutung, auch wenn oberflächlich betrachtet weiter unpersönlicher Frontalunterricht dominiert. Im erziehenden Unterricht ist der Lehrer nicht nur im Detail für die Gestaltung eines Unterrichts zuständig, der die Vorstellungen der Schüler in der gewünschten Weise beeinflusst, er ist zudem als Person Vorbild für den Charakter, den die Schüler erst noch entwickeln sollen. Auch sein Umgang mit den Schülern hat sich an diesen Vorgaben zu orientieren: Im Ideal soll eine emotional positiv getönte Beziehung entstehen, in der die Schüler zum Lehrer aufsehen (vgl. Fromm 1987).

Auch wenn sich reformpädagogische Konzepte vorzugsweise gegen die herbartianische Pädagogik absetzen, bleibt dieses Über-Unterordnungsverhältnis auch in diesen Konzepten noch erkennbar erhalten. Das gilt selbst für die Berthold-Otto-Schule, auch wenn Otto als einer der radikalsten Verfechter eines gleichberechtigten Miteinanders das immer wieder anders darstellt. Deutlich wird das in Unterrichtsprotokollen (vgl. Fromm 1987, S. 84f.), aber auch an folgendem Bild:

Berthold Otto unterrichtet im Freien

Abbildung 12: Otto Unterricht im Freien 1913

Was sich allerdings Im Verhältnis Lehrer-Schüler ändert, ist die Bereitschaft, auf die Gedanken und Interessen der Schüler einzugehen, sie nicht per se als unreif und problematisch abzutun.

> „Mein Unterrichtsprinzip war nun also, das ganze Unterrichtsverfahren lediglich auf das Interesse der Kinder zu begründen, das heißt also, den kindlichen Geist vollkommen frei wachsen zu lassen, ohne irgendwelche Versuche zu machen das Wachstum nach dieser oder jener Richtung hin zu drängen oder in dieser oder jener anderen Richtung zu hemmen.“ (Otto 1908, S. 75)

In dieser Hinsicht erscheint Nohls Ideal des „Pädagogischen Bezugs“ (1. Aufl. 1933) durchaus als Rückschritt:

> „Die Grundlage der Erziehung ist (...) das leidenschaftliche Verhältnis eines reifen Menschen zu einem werdenden Menschen, und zwar um seiner selbst willen, daß er zu seinem Leben und zu seiner Form komme“ (^{8}1978, S. 134).

„Das entscheidende Zentrum des geistigen Lebens … erwächst nur im Willensverkehr mit einem reiferen Willen, der das Durcheinander der kindlichen Seele zusammenschweißt in den beiden Einheitsmächten: Liebe und Gehorsam“ (ebd. S. 174).

Sieht man einmal von den unerfreulichen Anklängen ab, die diese Formulierungen nach den inzwischen bekanntgewordenen Missbrauchsfällen in reformpädagogisch orientierten Schulen erzeugen können, ist festzustellen, dass hier das Verhältnis zu den Schülern deutlich autoritärer gedacht ist als z.B. bei Otto.

Der Gegenentwurf zu diesem dominanten, wenn auch freundlichen, Vorbildlehrer ist dann im Zuge der emanzipatorischen Pädagogik und der Bildungsreformen der 70er Jahre des 20. Jahrhunderts der „Hallo. Ich bin der Klaus“-Lehrer: entspannt, antiautoritär und auf Augenhöhe mit den Schülern. Er ist Begleiter, flexibles Hilfsmittel, „Facilitator“ (Rogers 1974).

Ein problematisches Resultat der stark emotionalisierten Debatte gegen das von Nohl im pädagogischen Bezug idealisierte Über-Unterordnungsverhältnis zwischen Lehrer und Schülern ist ein starkes Misstrauen gegenüber Vorgaben und Vorschriften des Lehrers. Und die Hoffnung, die Dinge mögen sich ohne explizite Intervention irgendwie von selbst herrschaftsfrei regeln. Brezinka (^{3}1977, S. 74ff.) hat kritisch vom „Geschehensbegriff“ der Erziehung gesprochen. Problematisch daran ist, dass der Lehrer in der staatlichen Pflichtschule letztlich nicht frei ist, geschehen zu lassen, was die Schüler wollen könnten. Nicht nur die Institution Schule mit ihren Lehrplänen und Prüfungsvorschriften, Dienst- und Versicherungsvorschriften machen die Beachtung von Regeln erforderlich, sondern allein schon die Anwesenheit vieler Menschen auf relativ begrenztem Raum.

Beispiele aus Alternativ-/Reformschulen, wie der Jena-Plan-Schule Petersens (vgl. Petersen 1965), der Berthold-Otto-Schule oder Neills Summerhill (vgl. Neill 1969) scheinen allerdings zu belegen, dass man sich nicht nur im sozialen Umgang, sondern auch in Fragen des Lernens getrost darauf verlassen könne, dass die Interaktion der Schüler untereinander und mit dem Lehrer sich ohne lenkende Eingriffe des Lehrers konstruktiv entwickelt und die Schüler die Schule geistig und charakterlich gereift (Otto), zumindest aber glücklich (Neill) verlassen. Das Vertrauen in die konstruktiven Potentiale der Schüler geht bei Otto und Neill so weit, die Schüler selbst über notwendige Regelungen in der Schule entscheiden zu lassen und dem Lehrer nur eine Stimme wie jedem Schüler auch zuzugestehen.

Man muss dann allerdings auch glauben wollen, dass die Schüler aus sich heraus keine Regelungen für das Leben in der Schule beschließen, die z.B. rechtlich problematisch wären, dass sie bei absoluter Freiheit der

Teilnahme am Unterricht aus sich heraus nicht nur am Unterricht teilnehmen, sondern genau in den Fächern (inkl. Latein) unterrichtet werden wollen, die auch in normalen Schulen angeboten werden usw., wie das nach den Berichten in Ottos Schule der Fall war. Für diese erstaunliche Passung von Schülerbedürfnissen und gesellschaftlichen Normen dürfte eine naheliegende Erklärung die sein, dass die Schüler nicht in einem Vakuum leben, sondern natürlich die Erwartungen ihrer Eltern und anderer Menschen kennen und wissen, welche Regeln außerhalb der Schule gelten. Der Lehrer wird ebenfalls, selbst wenn er keine expliziten Vorschriften formuliert, erkennen lassen, welches Verhalten er für wünschenswert hält. Was wie die freie Entscheidung der Schüler aussieht, dürfte daher eher ihre erfolgreiche Sozialisation zeigen, die es überflüssig macht, dass der Lehrer noch explizit regelnd eingreift. Das ist umso wahrscheinlicher als die Schüler solcher Reformschulen üblicherweise aus sogenannten bildungsnahen Schichten stammen.

In Normalschulen kann sich der Lehrer nicht auf bereits bekannte und eingespielte Regelungen stützen, sie müssen eingeführt und durchgesetzt werden. Die wesentlichen Aspekte dabei sind Klarheit, Angemessenheit und Konsequenz (vgl. Kounin 1976; Meyer ^{2}2004). Genau das fehlt Schülern häufig bei Lehranfängern, die sich um ein möglichst gutes Verhältnis zu den Schülern bemühen und deshalb zunächst auf klare Vorgaben verzichten. Das wiederum führt dazu, dass die Schüler die Grenzen des Erlaubten ausprobieren. Und das wiederum dazu, dass der Lehrer, der sich als ‚Schülerversteher' sieht, relativ willkürlich und möglicherweise überzogen reagiert.

Die neuere Disziplindebatte in der Öffentlichkeit (vgl. Brumlik/Amos 2007) hat vermutlich nicht dazu beigetragen, die Frage notwendiger und entbehrlicher Regelungen in der Interaktion von Lehrern und Schülern zu versachlichen. Unabhängig davon, wie viele und welche Regeln das sind, ist es aber wichtig, dass sie, wie oben bereits angesprochen, klar, angemessen und konsequent sind.

Klarheit: Klar können Regeln nur sein, wenn sie explizit gemacht werden. Erst dann ist eine intersubjektive Verständigung darüber möglich, und auch eine fokussierte Auseinandersetzung darüber, was man nicht will. Unterschwellige Zwänge, wie sie in der Diskussion zum heimlichen Lehrplan beispielhaft diskutiert und kritisiert worden sind, erschweren diese Klärung.

Angemessenheit: Regeln sollten einem nachvollziehbaren Zweck dienen und sich auf das Notwendigste beschränken, um diesen Zweck zu erfüllen. Darüber ist grundsätzlich keine leichte Einigung zu erzielen. Es gibt in den meisten Fällen alternative Verfahrensweisen und natürlich unterschiedliche

Einschätzungen dessen, was noch notwendig und was schon übertrieben ist. Von solchen Kontroversen ist auch die schulische Verständigung nicht zu befreien, wenn der Versuch unternommen wird, zu zeigen, welchen Zweck eine Regelung hat. Die Begründung macht aber erfahrbar, dass der Lehrer sich Rechtfertigungsansprüchen stellt und nicht schlicht, wie bei Nohl, Gehorsam einfordert.

Konsequenz: Wenn Schüler Lehrer beurteilen, steht die Frage der Gerechtigkeit und Fairness an erster Stelle. Für sie muss erkennbar sein, dass er sich an Vereinbarungen hält, um eine Gleichbehandlung der Schüler bemüht ist. Wie die Klarheit schafft auch Konsequenz für die Schüler Orientierungssicherheit.

5. Didaktische Konzepte

Wie eingangs bereits angesprochen, werden die Begriffe „Konzept", „Methode" und „Technik" in der Literatur ausgesprochen uneinheitlich verwendet. Hier wurde ein didaktisches Konzept als ein Aussagesystem bestimmt, das einen Reflexionsrahmen für die begründete Wahl einer bestimmten Form von Unterricht bietet. Insofern liefert ein didaktisches Konzept noch keine Unterrichtsplanung, sondern befasst sich mit den Vorentscheidungen, die zu treffen sind, bevor Unterricht konkret geplant wird.

Die Konzepte, die in der Literatur als didaktische deklariert werden – Kron ([5]2008, S. 66) listet 46 auf –, vertreten verschiedene Vorstellungen davon, wie eine reflektierte Grundlegung von Unterricht aussehen sollte, und sie tun dies in sehr unterschiedlich differenzierter Form. Das Spektrum reicht von wenigen vagen Floskeln auf der einen Seite bis zu komplexen Aussagesystemen, die in der Diskussion über Jahre weiterentwickelt und präzisiert wurden, auf der anderen. Die Frage ist dann: Was ist schon Konzept, was noch pädagogische Lyrik? Eine klare Einordnung wird zusätzlich durch fließende Übergänge zur konkreten Unterrichtsplanung erschwert. Und schließlich gibt es ‚didaktische' Konzepte, bei denen in der Diskussion nicht nur strittig ist, ob sie hinreichend als klar identifizierbare Konzepte abgrenzbar sind, sondern auch, ob es sich dabei um Didaktik handelt.

Im Folgenden werden drei Konzepte aus der Blütezeit der Allgemeinen Didaktik in den 60er und 70er Jahren des vorigen Jahrhunderts vorgestellt, über deren Status als didaktisches Konzept erstens weitestgehende Einigkeit besteht und denen zweitens, zumindest in modifizierter Form, auch aktuell noch Relevanz attestiert wird: bildungstheoretische, lehr-lerntheoretische und lernzielorientierte Didaktik. Als vierte wird die konstruktivistische Didaktik behandelt, die in den letzten Jahren viel Beachtung gefunden hat. In diesem Fall ist allerdings durchaus strittig, ob man sinnvoll von einer Didaktik sprechen kann. Während die drei erstgenannten Konzepte relativ klar bestimmten Hauptvertretern zugeordnet werden können (Klafki; Heimann/Schulz; Krathwohl u.a. in den USA bzw. Möller in Deutschland), ist das bei der sogenannten ‚konstruktivistischen Didaktik' schwieriger, so dass man beim Versuch einer Synopse immer damit rechnen muss, dass geschieht, was Terhart (1999, S. 631) feststellt: „Jeder irgendwie Identifizierte streitet sofort ab, *so* identifizierbar zu sein!" Die beiden erstgenannten Konzepte sind zwar namentlich leicht zuzuordnen, haben aber erhebliche Ergänzungen und Modifikationen erfahren, die zunehmend die Differenzen der Ausgangspositionen verwischt haben. Da zudem einige dieser Veränderungen deutlich dem damaligen Zeitgeist verpflichtet waren und mit zeitlichem Abstand durchaus verzichtbar erscheinen, werden hier die Konzepte nur in ihren ursprünglichen Zugängen dargestellt, um daran beispielhaft herauszuarbeiten, auf welche Aspekte der Vermittlung sie besonders hinweisen – und welche sie vernachlässigen oder sogar gänzlich ausklammern.

Üblicherweise werden die im Folgenden dargestellten Konzepte in ihrer chronologischen Abfolge behandelt. Ein plausibler Grund hierfür ist, dass die Konzepte ja bereits Vorarbeiten und -überlegungen vorfinden, auf die sie Bezug nehmen können. Diese Rezeptionen, ihre Argumentationsfiguren und (Selbst-)Missverständnisse, Veränderungen der Konzepte, Fort- und Rückschritte können hier aber weitgehend ausgeklammert werden, sie sind eher wissenschaftshistorisch von Interesse. Die Darstellung konzentriert sich hier dagegen systematisch auf spezifische Schwerpunkte einzelner Konzepte, um exemplarisch unterschiedliche Varianten didaktischen Denkens zu verdeutlichen.

Zur Veranschaulichung des spezifischen Schwerpunkts des jeweiligen Konzepts soll dabei wieder das didaktische Dreieck herangezogen werden.

5.1 Analyse des Kontextes von Unterricht: Lehr-/lerntheoretische Didaktik

Kurzcharakterisierung:
Die Lehr-Lerntheoretische Didaktik unterscheidet sich dadurch von anderen, dass sie nicht einzelne Aspekte der Vermittlung im Unterricht hervorhebt, sondern einen Überblick über die relevanten Einflüsse gibt, denen jeder Unterricht unterliegt. Heimann spricht von der „Totalerfassung aller im Unterrichtsgeschehen wirksamen Faktoren" (1965, S. 9). Sie soll den Lehrer darauf aufmerksam machen, welche Voraussetzungen und Entscheidungen die Grundlage des Lehrerhandelns bilden und worüber er sich entsprechend Gedanken machen sollte, wenn er seinen Unterricht plant. Heimann spricht von der „Didaktik der geistigen Wachheit und ständigen Reflexionsbereitschaft" (Heimann 1965, S. 10).

Mit dem Bild des didaktischen Dreiecks veranschaulicht, befasst sich diese Didaktik also nicht nur mit einzelnen Ecken oder Kanten des Dreiecks, sondern mit dem gesamten Dreieck inkl. der umgebenden Rahmenbedingungen.

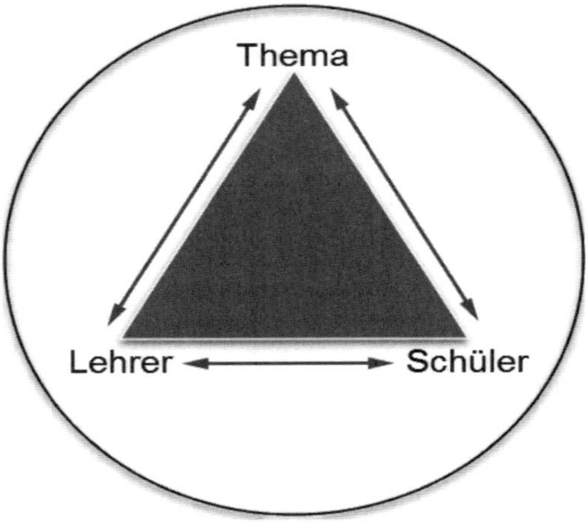

Abbildung 13: Didaktisches Dreieck – Lehr-/lerntheoretische Didaktik

Für die Analyse der Faktoren, die den Unterricht beeinflussen, haben Heimann und Schulz (vgl. z.B. Schulz 1965) differenzierte Vorschläge gemacht, die dann von Schulz unter der Bezeichnung „Lehrtheoretische Didaktik" noch einmal weiterentwickelt worden sind (vgl. Schulz 1980).

Grundlage der Unterrichtsanalyse in ihrer ursprünglichen Fassung ist die Strukturanalyse (vgl. Schulz 1965, S. 22ff.). Diese Analyse unterscheidet sechs Strukturmomente. Zentraler Unterscheidungsgesichtspunkt ist dabei die Beeinflussbarkeit durch den Lehrer. Danach wird zwischen solchen unterschieden, die berücksichtigt werden müssen, aber von der Lehrperson nicht beeinflusst werden können (Bedingungsfelder), und solchen, die von der Lehrperson beeinflussbar sind (Entscheidungsfelder). Wie viele Mädchen und Jungen am Unterricht teilnehmen, ist z.B. genauso wenig beeinflussbar wie deren soziale Herkunft. Mit welchen Intentionen und Medien ein Inhalt bearbeitet wird, dagegen schon.

Als Bedingungsfelder werden von Schulz (1965, S. 22ff.) genannt:

- Anthropogene Voraussetzungen
  Dazu gehören alle individuellen Lernvoraussetzungen, die für den Unterricht berücksichtigt werden sollten, z.B. Interessen, Vorwissen, Arbeitsverhalten der Schüler.
- Soziokulturelle Voraussetzungen
  Dazu gehören alle Rahmenbedingungen des Unterrichts, z.B. das Einzugsgebiet der Schule, die Zusammensetzung des Kollegiums.

Als Entscheidungsfelder werden genannt:

- Intentionen
  Sind Lernprozesse in der kognitiven, emotionalen oder pragmatischen Dimension beabsichtigt? Und welches Niveau der Verarbeitung (Anbahnung, Entfaltung, Gestaltung) wird angestrebt?
- Themen
  In Verbindung mit den Intentionen ist u.a. zu klären, ob die Thematik vorfachlich, fachspezifisch oder überfachlich behandelt werden soll.
- Verfahren
  Schulz unterscheidet hier verschiedene Methodenkonzeptionen (etwa ganzheitlich-analytisch oder projektmäßig), Artikulationsschemata (also Stufen des Unterrichts), Sozialformen des Unterrichts, Aktions- und Urteilsformen des Lehrens.
- Medien
  Lehr- vs. Lernmedien

Veranschaulicht sind die genannten Felder in der folgenden Grafik (nach Schulz 1970, S. 414).

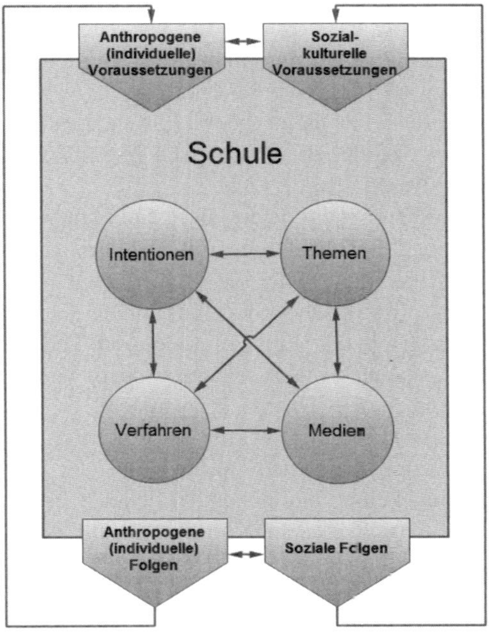

Abbildung 14: Lehr-/Lerntheoretische Didaktik

Dabei sollen die Pfeile zwischen den Entscheidungsfeldern ausdrücken, dass die einzelnen Entscheidungen nicht unabhängig voneinander gefällt werden können, sondern voneinander abhängig („interdependent“) sind. Um ein neuzeitliches Beispiel zu geben: Wer z.B. eine anspruchsvollere Argumentation nachvollziehbar machen möchte (Intention), wird mit einer Powerpoint-Präsentation (Medien) früh an Grenzen stoßen.

Der Reflexionsrahmen wird durch eine zweite Reflexionsstufe (Normenkritik, Faktenbeurteilung und Formenanalyse) erweitert, die einzelnen Felder differenziert, die Intentionen z.B. ähnlich den Taxonomien von Krathwohl u.a. (1975, s.u. zur lernzielorientierten Didaktik) nach Dimensionen und Niveaus systematisiert. Diese Details und Erweiterungen können hier aber ausgeklammert werden, da es vorrangig um eine Skizze des spezifischen Zugangs dieser Didaktik geht.

In der hier beschriebenen ursprünglichen („Berliner“) Fassung geht es ausdrücklich nur darum, auf die prinzipiell zu beachtenden Bedingungs- und Entscheidungsfelder *jeden* Unterrichts aufmerksam zu machen. Das Konzept ist der Idee nach ebenso brauchbar für den Deutsch- wie den Musikunterricht, für einen vom Lehrer dominierten wie einen schülerzentrierten Unterricht. Es will, für welche Ziele und Vorstellungen gelungenen Unterrichts auch immer, einen Reflexions- und Planungsrahmen bieten. Diese Offenheit soll auch durch die Verwendung des Lernbegriffs betont werden, der nach Ansicht der Autoren im Vergleich mit dem Begriff der „Bildung“ offener ist (vgl. Schulz 1965, S. 21) – ein Bezug zu einer bestimmten Lerntheorie wird damit aber nicht hergestellt. Wie man den Reflexions- und Planungsrahmen pädagogisch begründet füllen kann oder sogar soll, behandelt diese Didaktik nicht.[11]

Prange (1986, S. 89) charakterisiert diese Didaktik als eine für Nicht-Pädagogen, die Arbeit damit als Bauen mit Fertigteilen. Genauso wie ein Baumateriallager die Erstellung vieler unterschiedlicher Bauten zwar ermöglicht, aber noch keine ästhetische oder funktionale Gestaltung garantiert, fehlt der Beschäftigung mit den Einflussgrößen der Vermittlung noch eine Sinngebung, die sagt, worauf es nach pädagogischem Verständnis ankommt, was ‚gutes‘ Lernen und ‚guten‘ Unterricht ausmacht.

Genauso wenig, wie diese Didaktik dem Lehrer die Entscheidung abnimmt, was er warum vermitteln sollte, gibt sie darüber Auskunft, wann er die genannten Felder hinreichend reflektiert hat. Am Beispiel: In Stundenentwürfen, die nach diesem Konzept erstellt werden, finden sich häufiger zu den Bedingungsfeldern Pflichtübungen der Art, die Schüler

---

11 Darauf geht Schulz dann in der Weiterentwicklung des Konzepts ein (vgl. z.B. Schulz 1980).

seien zwischen x und y Jahren alt und die Klasse bestehe aus 18 Mädchen und 11 Jungen. Das mag in den Fällen ausreichen, in denen das Geschlecht für den Unterricht absehbar keine Bedeutung haben dürfte. Wo aber z.B. unterschiedliche Voraussetzungen oder Interessen von Jungen und Mädchen Einfluss auf den Unterricht haben, reichen solche Pflichtübungen nicht. Das sagt diese Didaktik dem Lehrer allerdings nicht, auch nicht, wie viel mehr er warum wissen und beachten sollte. Eben nur, dass er sich mit den genannten Punkten befassen sollte. Die Maßstäbe für eine ausreichende Beschäftigung mit den einzelnen Feldern müssen aus anderen Bereichen kommen, zur Legitimierung von Intentionen etwa aus der Ethik, zur Beurteilung geeigneter Verfahren aus der Methodologie der Lehr-/Lernforschung usw.

Auf der einen Seite engt diese Didaktik, positiv betrachtet, den Lehrer nicht auf bestimmte Verfahrensweisen oder gar normative Festlegungen ein, sondern liefert ihm Planungsgesichtspunkte[12] für einen Unterricht, der nach seinen Maßstäben sinnvoll ist. Problematisch wird die Ausklammerung pädagogischer Beurteilungsmaßstäbe, wenn so der Eindruck entsteht, mit der Abarbeitung dieser Gesichtspunkte sei es dann auch getan, Unterricht könne sinnfrei mechanisch geplant werden.

Die symmetrisch aufgeräumte Prüf- und Baukastensystematik mag auch insbesondere bei Berufsanfängern eine übertriebene Vorstellung von der zuverlässigen Planbarkeit von Unterricht vermitteln. Tatsächlich verbergen sich aber hinter allen Reflexionen zu den Feldern und ihren Wechselwirkungen zahlreiche Vermutungen, intuitive Einschätzungen, Extrapolationen, induktive Schlüsse usw. Daneben gibt es vielleicht wenige empirische Ergebnisse, die aber prinzipiell nicht die spezifischen Situationen beschreiben, die der Lehrer vorfindet, und entsprechend ausgedeutet und übertragen werden müssen. Wie man das korrekt macht, steht allerdings nirgendwo. Auf den ersten Blick mag dies Konzept den Optimismus fördern, eine verlässliche Feinplanung von Unterricht sei auf der Grundlage empirischer Lehr-/Lernforschung möglich. Angesichts der zahlreichen Unwägbarkeiten bei der Behandlung der angeführten Felder sollte man aber bescheidener davon ausgehen, dass es Planungshilfen gibt und durch seine Prüffragen dazu beitragen kann, grobe Planungsfehler zu vermeiden.[13]

---

12 Die sind, wie bereits erwähnt, schon in der Berliner Fassung ausführlicher als hier dargestellt und in der Weiterentwicklung (der „Hamburger“ Fassung) dann noch einmal deutlich erweitert worden.

13 Beispiele finden sich in Heimann/Otto/Schulz (1965). Eine Unterrichtsplanung im Vergleich mit einer nach der bildungstheoretischen und lernzielorientierten Didaktik bietet und diskutiert Meyer (1980, S. 89ff.).

5.2 Auswahl von Inhalten: Bildungstheoretische Didaktik

Kurzcharakterisierung:
Die bildungstheoretische Didaktik Klafkis konzentriert sich in ihrer ursprünglichen Form (1958) auf die Frage, welche Inhalte vermittelnswert sind, wenn das Ziel darin besteht, Bildung im Sinne Humboldts zu fördern. Didaktik hat es in dieser frühen Fassung nach Klafkis Verständnis mit dem „,Was' des Unterrichts" zu tun, in Abgrenzung zum „Wie", der Methodik (1970, S. 130). Wie also die Vermittlung im Unterricht konkret gestaltet werden kann und soll, behandelt dies Konzept nicht[14]*. Zur Beantwortung der Frage, was vermittelnswert ist, entwickelt Klafki ein Prüfverfahren, die sogenannte „didaktische Analyse".*

Im didaktischen Dreieck liegt der Schwerpunkt diese Konzepts beim Thema. Gefragt wird allerdings auch nach der Bedeutung, die das Thema für die Schüler hat bzw. haben sollte, deshalb der Pfeil zum Schüler hin.

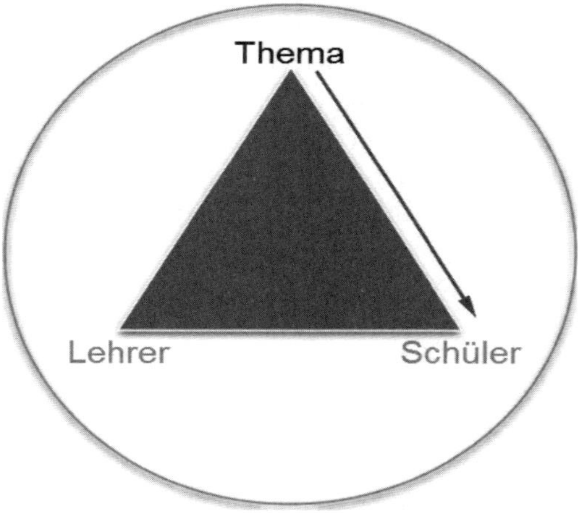

Abbildung 15: Didaktisches Dreieck – Bildungstheoretische Didaktik

14 Auch Klafki hat seine Vorstellungen wiederholt verändert und erweitert. Auf diese Modifikationen soll, wie bei den anderen Konzepten, nicht eingegangen werden. Eine detailliertere Darstellung und Diskussion bieten z.B. Jank und Meyer (1991).

Unter den hier behandelten Konzepten ist die bildungstheoretische Didaktik in der frühen Fassung Klafkis in zweifacher Hinsicht die traditionellste. Erstens konzentriert sie sich auf das, was sein soll, die Inhalte, mit denen sich Schüler auseinandersetzen sollten. Zweitens geschieht dies im Hinblick auf ein Bildungsverständnis, das sich an Humboldt orientiert.[15]

Mit Humboldt steht für Klafki nicht im Vordergrund, *was* man weiß, sondern *wie* man es weiß. Dass der Schüler souverän und in die Tiefe gehend über das Gewusste verfügt und nicht nur der ‚Behälter' für Informationen ist. Klafki geht es in besonderem Maße um allgemeine Bildung im Humboldtschen Sinne. In dessen Formulierung um „vollständige Einsicht", nicht um „in ihren Gründen unverstandene Resultate …, weil die Fertigkeit da seyn muss, und die Zeit oder das Talent zur Einsicht fehlt" (Humboldt 1982, S. 188). Klafki folgt allerdings nicht Humboldts betonter Orientierung an der Antike und den alten Sprachen, wenn es um die Frage geht, woran diese Einsicht gewonnen werden kann.

Da man nicht Allen Alles vermitteln kann, das konnte auch Comenius schon nicht, sind Auswahl und Beschränkung auf das Wesentliche erforderlich. Was ist aber das Wesentliche? Für traditionelle pädagogische Konzepte war typisch, die jeweils eigenen Zielvorstellungen und Ideale absolut zu setzen, auch wenn ein Blick auf frühere Generationen leicht zeigen konnte, was Dilthey (1971, S. 94) hervorhebt: dass diese Ideale immer historisch relativ waren. Und man kann hinzufügen: u.a. im Gefolge der Aufklärung lässt sich kaum noch das verbindliche und unstrittige „Erziehungsideal einer Zeit und eines Volkes" (ebd.) identifizieren. Es ist vielmehr schon zu einem bestimmten historischen Zeitpunkt unter den verschiedenen gesellschaftlichen Gruppierungen strittig. Was wesentlich ist, stellt sich für die Industrie- und Handelskammer, die katholische Kirche oder Die Grünen jeweils anders dar.

Wo fraglose Gewissheiten nicht (mehr) existieren, wird verhandelbar und begründungsbedürftig. dass man z.B. Schülern abverlangt, sich mit Goethes Wahlverwandtschaften oder der Allgemeinen Gasgleichung zu beschäftigen. Dafür, wie eine pädagogische verantwortbare Begründung entwickelt werden kann, liefert Klafki mit seiner „didaktischen Analyse" einen Vorschlag. Sie unterzieht mögliche Inhalte einer Prüfung, um herauszufinden, ob sich die Beschäftigung mit ihnen lohnt. Der Beurteilungsmaßstab ist ausgehend vom Humboldtschen Bildungsverständnis: Wenn das Ergebnis der Beschäftigung über den einzelnen Inhalt hinausweist, sich von seinem Verständnis aus das Verständnis anderer Inhalte eröffnet.

15 Beide Festlegungen sind u.a. von Heimann und Schulz kritisiert worden, sie weiten einmal das Analysespektrum (s.o.) aus und wählen anstelle des Bildungsbegriffs den aus ihrer Sicht neutraleren Lernbegriff.

Die didaktische Analyse enthält folgende, nicht notwendigerweise in dieser Reihenfolge zu absolvierende Prüfschritte, hier in der Formulierung Klafkis (1970; i. Orig. hervorgeh.):

I. Exemplarische Bedeutung
„Welchen größeren bzw. welchen allgemeinen Sinn oder Sachzusammenhang vertritt und erschließt dieser Inhalt? Welches Urphänomen oder Grundprinzip, welches Gesetz, Kriterium, Problem, welche Methode, Technik oder Haltung läßt sich in der Auseinandersetzung mit ihm ‚exemplarisch' erfassen ?" (ebd. S. 135)

II. Gegenwartsbedeutung
„Welche Bedeutung hat der betreffende Inhalt bzw. die an diesem Thema zu gewinnende Erfahrung, Erkenntnis, Fähigkeit oder Fertigkeit bereits im geistigen Leben der Kinder meiner Klasse, welche Bedeutung sollte er – vom pädagogischen Gesichtspunkt aus gesehen – darin haben?" (ebd. S. 136)

III. Zukunftsbedeutung:
„Worin liegt die Bedeutung des Themas für die Zukunft der Kinder?" (ebd. S. 137)

IV. Sachstruktur
„Welches ist die Struktur des (durch die Fragen I, II und III in die spezifisch pädagogische Sicht gerückten Inhaltes?" (ebd. S. 137)

V. Zugänglichkeit
„Welches sind die besonderen Fälle, Phänomene, Situationen, Versuche, Personen, Ereignisse, Formelemente, in oder an denen die Struktur des jeweiligen Inhaltes den Kindern dieser Bildungsstufe, dieser Klasse interessant, fragwürdig, zugänglich, begreiflich, ‚anschaulich' werden kann?" (ebd. S. 140)[16]

Bildungstheoretisch ist der erstgenannte Prüfschritt von besonderer Bedeutung: Wie kann sichergestellt werden, dass die Beschäftigung mit diesem Inhalt den Zugang zu anderen erleichtert? Und vor allem: Kann dies auch unter Berücksichtigung der anderen Aspekte der didaktischen Analyse geschehen? Wie kann also z.B. vermieden werden, dass etwas für die

16 Beispiele didaktischer Analysen finden sich bei Klafki ([19]1970, S. 143ff.). Unterrichtsentwürfe nach der bildungstheoretischen, lerntheoretischen und lernzielorientierten Didaktik stellt Meyer (1980, S. 89) im Vergleich dar.

Zukunft der Schüler Irrelevantes und/oder nicht Einsehbares/Zugängliches ausgewählt wird?

Für den II. Schritt ist wie schon im Fall der lehr-/lerntheoretischen Didaktik bei den anthropogenen und soziokulturellen Voraussetzungen das Problem, dass zwar die Frage berechtigt ist, im Normalfall aber nur in sehr groben Näherungen zu beantworten sein wird, weil die erforderlichen empirischen Daten unzureichend sind.

Die Zukunftsbedeutung kann natürlich grundsätzlich nur mit erheblichen Vorbehalten abgeschätzt werden. Aus heutiger, konstruktivistisch geschärfter Sicht sind aber die Schritte IV und V von stärkerem Interesse. Wenn man Diltheys historische Analyse zu Ende denkt, hat das nämlich auch Folgen für die Beantwortung der Frage, ob ein Inhalt eine Struktur ‚an sich' hat oder nicht. Ergebnis kann nur sein, dass auch diese Struktur historisch relativ ist und immer wieder anders gesehen wird. Entsprechend trifft hier auch nicht eine gesicherte Sachstruktur, wie sie bei Klafki erscheint, wenn er von Schichten des Inhalts oder der „Logik der Sache" (ebd. S. 138) spricht, auf einen Rezipienten, dem sie nur noch entsprechend seinen Voraussetzungen zugänglich gemacht werden muss. Vielmehr steht die Sachstruktur selbst zur Disposition. Und davon, wie man diese Sachstruktur versteht, hängt dann auch ab, wie sie für den Lernenden sinnfällig präsentiert werden kann. Dieser Punkt verdient deshalb besondere Betonung, weil das Lehramtsstudium insbesondere für das Gymnasium immer noch dominierend als Fachstudium angelegt ist und die Studierenden daran gewöhnt, Inhalte im Rahmen der jeweiligen Fachsystematik und der ‚Logik der Sache' zu sehen, aus der dann in der Unterrichtsgestaltung leicht die vermeintlichen Sachzwänge abgeleitet werden, die schon Dilthey kritisierte.

In der streitlustigen Entstehungszeit der didaktischen Analyse sind Klafkis Beschränkung auf die begründete Auswahl von Inhalten, sein Festhalten am Bildungsbegriff oder die unzureichende Schülerbeteiligung z.T. massiv kritisiert worden. Mit zeitlichem Abstand erscheint die Diskussion vieler damals als relevant angesehener Konfliktbereiche allerdings zeittypisch zugespitzt. Klafkis Bemühen, dieser Kritik zu begegnen, seinen Ansatz zu überarbeiten, nachzubessern und zu integrieren, was dem Zeitgeist entsprach, ist zwar verständlich, bläht das Konzept im Versuch, allen Ansprüchen gerecht zu werden, letztlich aber bis zur Unkenntlichkeit auf. Deshalb werden die späteren Varianten hier nicht berücksichtigt.

Wenn Klafki zugestanden wird, dass er sich mit der didaktischen Analyse auf einen Aspekt der Unterrichtsplanung konzentriert, die (z.B. methodisch) noch ergänzt werden muss, liefert seine Analyse Gesichtspunkte, wie dafür gesorgt werden kann, Schüler mit pädagogisch begründeten und hoffentlich fruchtbaren inhaltlichen Anforderungen zu konfrontieren. Und in ihrer Fokussierung auf die Frage, was eigentlich wichtig und vermittelnswert ist, unterstützt sie dort eine begründete Entscheidung, wo die anderen hier behandelten didaktischen Ansätze keine Hilfen bieten, weil sie diese Entscheidung nur systematisch auflisten (wie die lehr-/lerntheoretische Didaktik, s.o.) oder ausklammern (wie die lernzielorientierte und die konstruktivistische Didaktik, s.u.).

5.3 Operationalisierung von Inhalten: Lernzielorientierte Didaktik

Kurzcharakterisierung:
Die lernzielorientierte Didaktik ist die kritische Reaktion auf pädagogische Zielvorstellungen, die vage benennen, was erreicht werden soll, aber es nicht konkretisieren. Die entsprechend keine gezielte Wahl von Maßnahmen erlauben und schließlich keine sichere Erfolgskontrolle.

Abhilfe soll eine präzisierte und hierarchisierte Zielformulierung bieten, die mit der möglichst weitgehenden Operationalisierung der Lernziele auch die Möglichkeit liefert, zu überprüfen, ob diese Ziele durch die Schüler erreicht wurden.

Im didaktischen Dreieck befasst sich die Didaktik also speziell mit der präzisierten Formulierung von Lernzielen. Welche und wessen Ziele das sind, behandelt diese Didaktik nicht. Auch die Frage ihrer pädagogischen Begründbarkeit wird ausgeklammert.

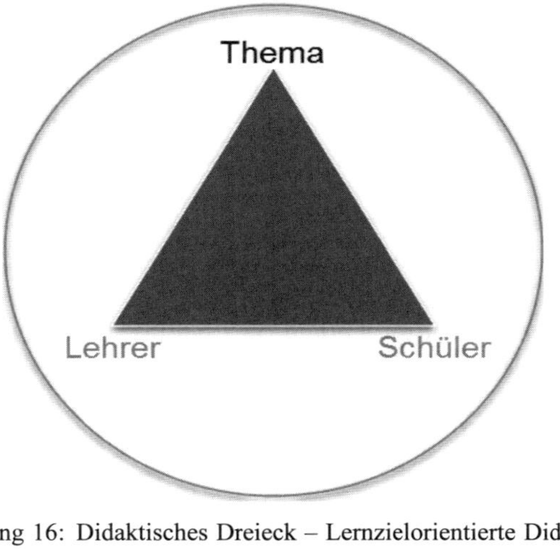

Abbildung 16: Didaktisches Dreieck – Lernzielorientierte Didaktik

Die Geschichte der Pädagogik ist reich an anspruchsvollen Zielvorstellungen: Herzensfrömmigkeit, Bildung, Mündigkeit, Sittlichkeit, Solidaritätsfähigkeit usw. Was das konkret heißen kann, wie jemand denkt, empfindet und handelt, der diesen Zielvorstellungen entspricht, wird dagegen kaum einmal gesagt. Auch nicht, wie Schritte hin auf diese Endziele aussehen und wie diese sich konkret wahrnehmbar äußern. So bleibt üblicherweise unklar, wie man diese erhabenen Ziele über annähernde Schritte und Zwischenziele erreichen und dabei auch wissen kann, dass man sie erreicht hat.

Hier setzt die lernzielorientierte Didaktik als deutsche Version (vgl. Möller [5]1976, 1980) der amerikanischen Taxonomie von Lernzielen (vgl. z.B. Krathwohl u.a. 1975) an. Sie hat den Zweck, eine Evaluation von Lernergebnissen zu erleichtern, indem Lernergebnisse hinsichtlich ihres Niveaus und der Annäherung an das Zielverhalten klassifiziert werden. Krathwohl u.a. (1975) formulieren das bezogen auf die Taxonomie der affektiven Lernziele (für kognitive und psycho-motorische Lernziele gilt dies entsprechend) so:

> „Wenn affektive Lernziele verwirklicht werden sollen, müssen sie klar definiert sein; es müssen Lernerfahrungen angeboten werden, die dem Schüler helfen, in der angestrebten Richtung voranzukommen; und es müssen systematische Methoden vorhanden sein, um erfassen zu können, welche Fortschritte die Schüler in der angestrebten Richtung gemacht haben“ (ebd. S. 21).

Angenommen wird ein Kontinuum und eine hierarchische Stufung der Entwicklung (ebd. S. 23), deren Stufen sich in überprüfbarer Form operationalisieren lassen. Festgelegt werden diese Stufen durch Expertenurteile.

Im Fall der affektiven Lernziele umfasst die Taxonomie die folgenden Kategorien und Unterkategorien:

1. „Aufnehmen (Aufmerksam werden)
   1.1 Bewußtheit
   1.2 Aufnahmebereitschaft
   1.3 Gerichtete oder selektive Aufmerksamkeit
2. Reagieren
   2.1 Einwilligung ins Reagieren
   2.2 Bereitschaft zum Reagieren
   2.3 Befriedigung beim Reagieren
3. Werten
   3.1 Annahme eines Wertes
   3.2 Bevorzugung eines Wertes
   3.3 Bindung an einen Wert
4. Wertordnung
   4.1 Konzeptbildung für einen Wert
   4.2 Organisation eines Wertsystems
5. Bestimmtsein durch Werte
   5.1 Verallgemeinertes Wertsystem
   5.2 Bildung einer Weltanschauung“ (ebd. S. 34)

Als Vorzüge dieses Ansatzes nennt Möller (1980, S. 74f.): Transparenz, Kontrollierbarkeit, Beteiligung der Betroffenen und Effizienz. Die beiden ersten Punkte sind unmittelbar plausibel und in der Diskussion auch nicht strittig. Schönklingende, aber wolkige Zielformulierungen, an denen in der Pädagogik kein Mangel herrscht, werden konkretisiert, hinsichtlich des Niveaus der Zielannäherung beurteilt und so formuliert, dass der Erfolg der Vermittlungsarbeit überprüfbar wird.

Die „Beteiligung der Betroffenen“ ist so zu verstehen, dass Schüler, Lehrer und Eltern als „Sammlungsquellen“ (ebd.) bei der Planung mitwirken können. Die Taxonomien werden also als verhandlungsfähige Angebote zur Kategorisierung von Lernanforderungen verstanden.

Ein anderes Bild ergibt sich, wenn diese Kategorien und Stufen didaktisch konstruktiv verstanden werden, als Vorgaben, wie man z.B. planmäßig das Wertsystem einer Person aufbauen kann und soll. Dann fördert dieses Konzept nämlich, konsequent umgesetzt, eine kleinschrittige Gängelung der Betroffenen, und zwar der Schüler und der Lehrer. Problematisch wird dies Konzept, wenn es nicht als eine Hilfe zur „Lehr“planung, sondern als „Technik der Lernplanung“, so der Titel eines Buches von Möller ([5]1976), verstanden wird. Wenn unterstellt wird, man könne Lernen machen, Schritt für Schritt und überprüfbar effizient. Das erinnert dann an die Allmachtsphantasien der herbartianischen Pädagogik und das zugrundeliegende mechanistische Lernverständnis. Und führt auch in der Lehrpraxis zu ähnlichen Konsequenzen, allerdings im Detail unterschiedlich motiviert: Bei den Herbartianern ergab sich die durchgängige Kontrolle aus der Sorge, der Charakter des Kindes könne bei unprofessioneller Behandlung Schaden nehmen und es seinen unsittlichen Regungen ausliefern. In der lernzielorientierten Didaktik ist das Motiv viel profaner: Was man in der vorab präzisierten Erfolgskontrolle erfassen will, muss natürlich bereits mit Blick auf diese Erfolgskontrolle vermittelt werden. So dass die absehbare Gefahr besteht, dass „Lehrer sich allzu direkt nur noch am später Abgeprüften orientieren und dabei den Unterricht in ein Quiz-Training verwandeln" (Terhart 2009, S. 200). Das ist nicht so sehr ein Problem, wenn es um Inhalte geht, die sinnvoll mit klar angebbarem Ergebnis lehrgangsmäßig aufbauend vermittelt werden können, wohl aber, wenn eigenständigere und komplexere Lernprozesse gefördert werden sollen, deren Ergebnis nicht präzise planbar ist und es unter dem Anspruch, Mündigkeit zu ermöglichen, gerade auch nicht sein soll.

Als Anstoß, genauer zu überlegen und zu konkretisieren, was man eigentlich erreichen will, ist dieses didaktische Konzept wichtig und notwendig. Mündigkeit ist aber nicht operationalisierbar. Konsequent als „Technik der Lernplanung" verstanden, hat diese Didaktik daher eine antiaufklärerische Tendenz.

5.4 Individuelle Konstruktion von Inhalten: Konstruktivistische Didaktik

Kurzcharakterisierung:
Konstruktivistische Ansätze haben primär ein erkenntnistheoretisches Interesse. Sie fragen danach, was wir wissen können. Erkenntnis ist danach Konstruktion, nicht Abbildung. Daran schließt sich die Frage an, wie Menschen aus objektiv vorgegebenen Inhalten subjektiv bedeutsame machen bzw. wie sie aus zunächst beliebigen Reizen Sinneinheiten konstruieren. Für diese Ansätze sind lehr-/lerntheoretische, bildungstheoretische und lernzielorientierte Didaktik insofern ähnlich problematisch, als sie (wenn auch in unterschiedlichem Maße) eine Plan- und Steuerbarkeit individueller Lernvorgänge unterstellen und im Falle der lernzielorientierten Didaktik auch umfassend anstreben.
Konstruktivistische Ansätze stellen dagegen die Möglichkeiten, individuelle Lernprozesse zu steuern, in Frage. Ob auf dieser Grundlage ein didaktisches Konzept möglich ist, wird kontrovers diskutiert.

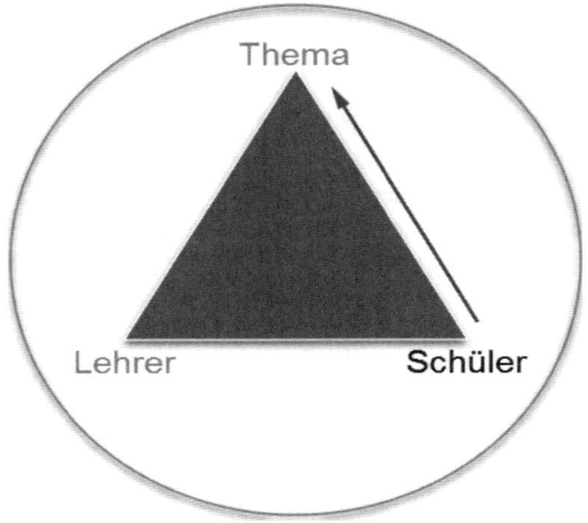

Abbildung 17: Didaktisches Dreieck – Konstruktivistische Didaktik

Vorbemerkung: Unter der Überschrift „Konstruktivismus“ werden heute zahlreiche Denktraditionen zusammengefasst (vgl. Terhart 1999; Krüssel 1993; Peterßen [6]2001, S. 95ff.), die die Frage, ob wir ein unverfälschtes Bild der Wirklichkeit haben können, mit „Nein“ beantworten. Genauer: Die davon ausgehen, dass wir nicht wissen können, ob und wann wir ein zutreffendes Bild der Wirklichkeit haben. Konstruktivistische Ansätze beschreiben und analysieren also zunächst einmal unsere Erkenntnismöglichkeiten und den konstruktiv-interpretativen Charakter unserer Erkenntnis. Damit, wie man jemandem etwas beibringen kann oder soll, befassen sie sich nicht. Didaktische Ambitionen werden durch diese Ansätze eher entmutigt. Es gibt aber Arbeiten, die für sich in Anspruch nehmen, „Konstruktivistische Didaktik“ (Reich [4]2008) oder sogar „Systemisch-konstruktivistische Pädagogik“ (Reich [6]2010) darstellen zu können. Ob es zwischen der Erkenntnistheorie und der Didaktik einen argumentativ stimmigen Zusammenhang gibt, ist daher eine naheliegende Frage (vgl. z.B. Terhart 2009, S. 144ff.).

Oben wurden ja bereits verschiedene Lernkonzepte angesprochen, darunter auch das konstruktivistische. Pragmatisch kann es zwar durchaus sinnvoll sein, zunächst mit dem einfachstmöglichen Lernmodell zu arbeiten, wie das die frühen Behavioristen getan haben, um zu sehen, wie weit man mit diesem Modell bei der Prognose und Steuerung menschlichen Verhaltens auskommt. Wenn man dann feststellt, dass die zwischen Reiz und Reaktion stattfindenden Prozesse das Verhalten in einem Ausmaß modifizieren, das eine zufriedenstellende Prognose verhindert, kann man die Black Box öffnen und sich mit den bis dahin ausgeklammerten inneren Prozessen befassen. Das ist im Zuge der sogenannten „kognitiven Wende“ in der Psychologie in den 70er Jahren des 20. Jahrhunderts geschehen. Neben der stärkeren Berücksichtigung innerer Prozesse in behavioristischen Konzepten (vgl. z.B. Hartig 1973; Thoresen/Mahoney 1974; Mahoney/Thoresen 1974; Mahoney 1977) kam es zu einer verstärkten Diskussion konstruktivistischer Positionen (vgl. Watzlawick 1976, 1985).

Dieser Perspektivenwechsel hat den Blick für die individuelle Konstruktion der Wirklichkeit geschärft, gleichzeitig aber für die Vermittlung von Inhalten vor allem Fragen aufgeworfen. Wenn letztlich das Konstruktsystem jeder Person einzigartig ist, ihre Wahrnehmung und Verarbeitung des Wahrgenommenen je besonderen biografisch entwickelten, variablen und in sich nicht einmal widerspruchsfreien Mustern folgt (vgl. Kelly 1991, S. 58ff.), ist natürlich die spannende Frage, wie diese Prozesse zu prognostizieren und zu steuern sind. Dass das mit nachweisbaren Erfolgen trotz aller individueller Verarbeitungsbesonderheiten möglich ist, zeigt die Geschichte von Erziehung und Unterricht. Aber eben auch, dass immer noch andere als die geplanten Prozesse ablaufen (vgl. Spranger [2]1965), und mitunter wohl vor allem diese.

Aus der erkenntnistheoretischen Beschreibung und Analyse, dass jeder Mensch seine Erfahrungen letztlich individuell einzigartig verarbeitet, folgt ohne begründenden Zwischenschritt zwingend überhaupt nichts für die didaktische Unterrichtsplanung. Lehrer werden für nicht geplante Verarbeitungsprozesse ihrer Schüler sensibilisiert und zu einer vorsichtigen Einschätzung der eigenen Wirksamkeit veranlasst, mehr aber auch nicht.

Kennzeichnend für die Arbeiten zur konstruktivistischen Didaktik ist nun aber nicht das Fehlen von Vorschlägen für die Unterrichtsplanung, sondern eine heterogene Fülle (vgl. Terhart 1999), die auf den ersten Blick das Bild einer gänzlich beliebigen Anregungs- und Animationspädagogik vermittelt. Das wäre als resignative Reaktion auf die angenommene Eigenaktivität des Lernenden noch plausibel: Man gibt den Versuch der Belehrung auf, sorgt für alle nur denkbaren Angebote und überlässt dem lernenden Subjekt die Wahl. Der zweite Blick zeigt dann aber, dass diese Angebote nicht gänzlich beliebig sind, sondern innerhalb einer bestimmten Ausrichtung beliebig. Unter der neuen Überschrift „konstruktivistisch“ findet sich (fast) alles wieder, was in den vergangenen vier Jahrzehnten als erlebnis- oder handlungsorientiert, interaktionistisch, systemisch, offen usw. durch das pädagogische Dorf getrieben worden ist. Was diese recycelten Angebote mit der konstruktivistischen Erkenntnistheorie zu tun haben, bleibt dabei üblicherweise bis auf floskelhafte Hinweise unklar. Die so erzeugte Beliebigkeit schafft aber nach Terhart die Grundlage, „um allen möglichen sinnvollen und sinnlosen didaktischen Praxen zumindest begrifflich-semantisch einen brüllend modernen Anstrich zu geben“ (2009, S. 147).

Neben dieser Beliebigkeit, die alles gelten lässt, solange es denn gutgemeint ist und irgendwie ganzheitlich daherkommt, gibt es eine deutlich dogmatischere Variante, konstruktivistische Erkenntnistheorie und didaktische Vorgaben argumentativ nicht zu verbinden. Die wohl am weitesten verbreitete sogenannte ‚konstruktivistische‘ Didaktik von Reich ist durchsetzt mit zahlreichen Setzungen, subjektiven Evidenzurteilen und Serien von normativen Vorgaben, die so dargestellt werden, als folgten sie zwangsläufig aus den konstruktivistischen Grundannahmen.[17] So ‚ist‘ dann konstruktivistische Didaktik „interaktionistisch orientiert“ (Reich ⁶2010, S. 282), präziser: soll nach Reich so verstanden werden. Wie sich aus einer konstruktivistischen Erkenntnistheorie eine interaktionistische Didaktik ergibt, wäre spannend zu erfahren. Stattdessen folgt eine Kaskade von Detailvorschriften, die sich angeblich wiederum daraus ergeben. Derart wenig argumentativ, häufig eher assoziativ erfährt man, was nach Überzeugung des Verfassers ‚wahr‘ ist. An Angeboten (Begriffsklärungen, Begründungen usw.), dieser Verkündigung reflektierend und nicht nur diffus enthusiasmiert zu folgen, fehlt es allerdings.

Konstruktivistische Didaktik gibt es als Buchtitel und als neuen Sammelbegriff für den Wunsch nach Vermittlungs- und Aneignungsprozessen, die möglichst ganzheitlich, aktiv vom Lernenden gestaltet und bestimmt sein sollten. Ein Konzept, das solche Lehr-/Lernprozesse begründet zur konstruktivistischen Erkenntnistheorie in Beziehung setzt, liegt aber noch nicht vor.

Erkennbar ist, dass eine konstruktivistische Didaktik ein Persönlichkeits- und Lernmodell benötigen wird,[18] das Aussagen dazu zulässt, wie die Kompetenzen für die individuelle Verarbeitung von Erfahrungen sich entwickeln und gefördert werden können. Ohne solche Modellannahmen bleibt es bei beliebigen Angeboten, die dem Zeitgeist entsprechend mit dem Etikett „konstruktivistisch“ versehen werden.

---

17 Solche Übergänge, die ohne begründenden Zwischenschritt aus Tatsachen Normen folgern, werden als „naturalistischer Fehlschluss“ bezeichnet.

18 Das sieht Reich (⁴2008, S. 189ff.) auch, benutzt die erforderlichen Modellannahmen aber nicht als Grundlage für die Entscheidung über konkrete Maßnahmen.
Kron (⁵2008, S. 183ff.) verweist zur Formulierung eines konstruktivistischen Lernverständnisses insbesondere auf die Personal Construct Psychology Kellys. Ein didaktischer Ansatz auf dieser Basis müsste allerdings auch erst noch entwickelt werden.

5.5 Didaktik: allgemein oder speziell?

Allgemeindidaktische Konzepte sind in dem Sinn allgemein, dass sie nicht für bestimmte Formen der Vermittlung, ein bestimmtes Fach oder bestimmte Inhalte ausgelegt sind. Sie sind andererseits nicht in der Weise allgemein, dass sie alle denkbaren Aspekte planmäßiger Erziehung und Unterrichtung behandeln. Die oben skizzierten Konzepte leisten jedes für sich keine umfassende Planungshilfe, sondern setzen jeweils andere Schwerpunkte, die sich ergänzen können. Seit der Blütezeit der allgemeindidaktischen Konzepte in den siebziger Jahren des vorigen Jahrhunderts lässt sich eine gewisse Stagnation (vgl. z.B. Terhart 2009, S. 180ff, 197) feststellen, wenn man nach Konzepten sucht, die ähnlich anspruchsvoll angelegt sind wie die der damaligen Zeit. So werden diese Konzepte in ihrem Nebeneinander rezipiert, und es bleibt dem Praktiker überlassen, sie in einer Weise zu kombinieren, die seinen Bedürfnissen entspricht. Eine Alternative dazu sind neuere Arbeiten, die einen integrierten Ansatz entwickeln (vgl. z.B. Kiper/Mischke 2004). Während solchen Arbeiten die allgemeine Didaktik nicht allgemein (im Sinne von „umfassend“) genug ist, gibt es umgekehrt Zweifel an der Sinnhaftigkeit allgemeindidaktischer Konzepte (vgl. z.B. Meyer 2009) weil sie möglicherweise nicht speziell genug sind. Reicht es, eine allgemeine Didaktik zu haben, oder sind spezielle Didaktiken z.B. für bestimmte Inhalte oder Adressaten notwendig? Auf den ersten Blick scheint die Antwort klar zu sein: Ob eine Sprache oder eine Sportart erlernt werden soll, macht erkennbar in vielerlei Hinsicht einen Unterschied. Es unterscheiden sich die erforderlichen Kompetenzen der Schüler, die Vermittlungssituationen und -medien, die Lehrer-Schüler-Beziehung und vieles mehr. Die Beispiele wären fortzusetzen: Im Chemieunterricht sind Schülerexperimente möglich, im Philosophieunterricht nicht. Die Unterschiede hören aber noch nicht bei den Fächern und ihren spezifischen Inhalten und Vermittlungsmöglichkeiten und -grenzen auf, sondern setzen sich fort bei den Schülern: Mädchen lernen anders als Jungen, jüngere Kinder anders als ältere usw. Danach brauchten wir nicht nur Fachdidaktiken, sondern auch noch Didaktiken für bestimmte Lerner. Wozu diese Kette führt, ist mit wenig Phantasie absehbar: zur Spezialdidaktik für Mädchen mit Migrationshintergrund im Fach Sport in der Sekundarstufe I ländlicher Realschulen. Dabei ließe sich die Anzahl der Variablen, die für das Lernen und Lehren modifizierend relevant sein können, noch erheblich steigern.

So einleuchtend zunächst einmal die gegenwärtig beliebte Forderung nach fachdidaktischer Spezialisierung und Forschung ist, so fragwürdig wird sie, wenn man sie in der oben angedeuteten Weise zu Ende denkt. Das liegt daran, dass sich unter der Hand der Anspruch verändert:

Steht am Beginn nur das Bemühen, erkennbar besonderen Bedingungen des Lernens (z.B. Schwimmunterricht vs. Religionsunterricht) durch Berücksichtigung des Inhalts, der besonderen sozialen Situation auf der Basis von Erfahrungswissen Rechnung zu tragen (beim Schwimmen spielt die verbale Kommunikation eben eine untergeordnete Rolle), geht es zunehmend (zumindest implizit) darum, durch Berücksichtigung möglichst vieler relevanter Variablen den Lernprozess planmäßig zu steuern. Hinter der Spezialisierung steht die Hoffnung, Lehren sicherer zu machen. Die Geschichte der Lehr-/Lernforschung hat aber gezeigt, dass diese Hoffnung illusionär ist: Einfache generelle Gesetzmäßigkeiten der Art „Lob fördert die Leistung“ hat die Forschung bisher nicht ermitteln können, stattdessen auf kleine Stichproben mit immer spezifischeren Merkmalen beschränkte Wahrscheinlichkeitsaussagen – deren Übertragbarkeit auf andere Kontexte üblicherweise unklar ist und sich bei Überprüfung regelmäßig als problematisch erweist (vgl. a. Terhart 2009, S. 190). Insofern ist absehbar, dass die Hoffnung auf maßgeschneiderte didaktische Spezialisierung auf empirischer Grundlage enttäuscht werden wird. Dass allgemeindidaktische Konzepte unter Berücksichtigung des spezifischen Anwendungskontextes ausgestaltet und ergänzt werden müssen, ist unstrittig. Sinnvoll und realisierbar dürfte aber auch im günstigen Fall nur ein mittleres Spezialisierungs- und Konkretionsniveau sein, das für die jeweils zu beachtenden Besonderheiten sensibilisiert, ohne die die Vermittlung absehbar misslingen wird.

6. Unterrichtskonzepte

Unterrichtskonzepte wurden eingangs von didaktischen Konzepten so abgegrenzt:

> Unterrichtskonzepte bieten eine Anwendungsplanung, wie nach den didaktischen Vorentscheidungen konkrete Methoden begründet und integriert zum Einsatz kommen können. Man gelangt dann z.B. auf der Basis eines bestimmten Gesellschafts-, Persönlichkeits- und Lernverständnisses zur Entscheidung für einen projektorientierten Unterricht.

Diverse Festlegungen gehen also der Entscheidung für ein Unterrichtskonzept voraus. Diese Festlegungen werden üblicherweise allerdings nur zum Teil expliziert, noch seltener begründet und noch seltener auf empirische Befunde gestützt. Hier gilt weiterhin Binets Beurteilung, der „ewige Fehler" der Methode der Pädagogik bestehe darin, dass „in der Pädagogik zwar alles gesagt, aber nichts bewiesen" sei (^{2}1927, S. 250). Insbesondere Beiträge zu Unterrichtskonzepten, die irgendwie freiheitlich, anschaulich, handlungsorientiert oder offen sein wollen, appellieren vor allem an Ideale und tiefe Überzeugungen. An die Stelle von Erläuterungen, welches Lernverständnis man z.B. zugrunde legt und welche Effekte man sich warum von welcher Maßnahme verspricht, treten Wünsche, Forderungen und Schilderungen von Maßnahmen. Von welchen Entscheidungen ein Konzept ausgeht und wie es aufgebaut ist, muss daher häufig aus Andeutungen erschlossen werden.

Prange hat in seinen „Bauformen des Unterrichts" (1986) allerdings zu zeigen versucht, dass sich Unterrichtskonzepte zwar in der Erscheinungsform unterscheiden mögen, letztlich aber eine ähnliche Grundstruktur haben, die dann unterschiedlich gefüllt wird (s. Abbildung 18).

Er geht dabei auf die formalen Stufen des Unterrichts bei Herbart zurück, die ja einen Unterricht möglich machen sollen, der sich an den Schritten orientiert, in denen Lernen stattfindet. Im Wesentlichen lassen sich diese Schritte so beschreiben (Herbarts Terminologie und die verschiedenen Variationen durch die Herbartianer müssen dabei nicht interessieren, auch nicht, ob man sinnvoller von vier oder mehr Stufen sprechen sollte (vgl. dazu Fromm 1987; Schwenk 1963): Eine Person wird mit ihren bis dahin gemachten Vorerfahrungen mit neuen Eindrücken konfrontiert. Sie vergleicht diese mit denen, die ihr schon vertraut sind, stellt Ähnlichkeiten und Unterschiede fest. Geht die Verarbeitung weiter, sucht sie nach wiederkehrenden Mustern in ihren Erfahrungen, erkennt möglicherweise ein System

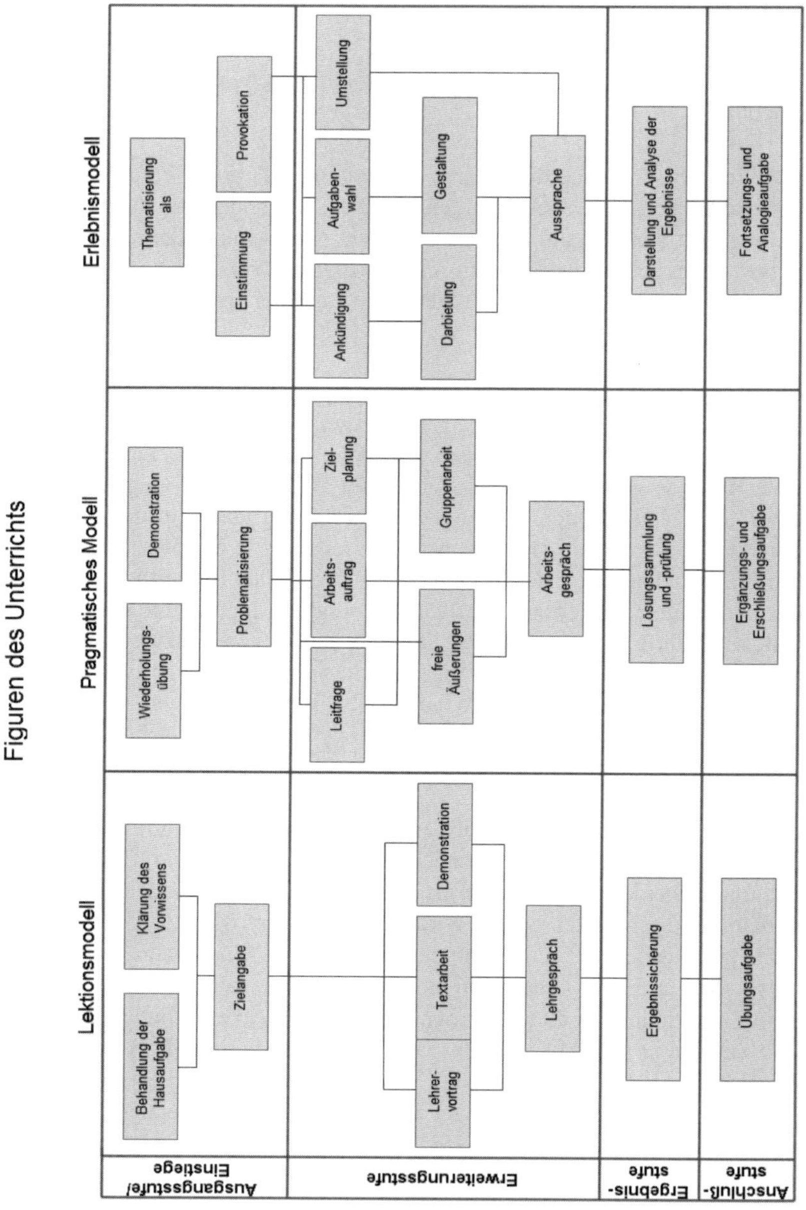

Abbildung 18: Figuren des Unterrichts, Prange (1986)

in bestimmten Abläufen. Die Verarbeitung der neuen Eindrücke bietet dann die Grundlage zur Einordnung anderer Situationen und für das Handeln in ihnen.

So formuliert sind die Grundschritte der Verarbeitung von Erfahrungen und des Lernens für die unterschiedlichsten Lerntheorien anschlussfähig – die Differenzen und Kontroversen beginnen bei den unterschiedlichen Schwerpunkten, die sie setzen, und bei den Aspekten, die sie meinen ausklammern zu können. Auch in der Rezeption Herbarts oder später der Herbartianer war nicht strittig, dass man die Schritte des Lernens sinnvoll so beschreiben kann. Strittig war vor allem die Umsetzung dieses Beschreibungsmodells in ein mechanistisches Unterrichtskonzept.

Wenn man den Verfahrensrigorismus der Herbartianer vermeidet und sich fragt, wie Unterricht so gestaltet werden kann, dass er Raum, Anregungen und Bewährungsmöglichkeiten für die Bewältigung dieser wesentlichen Schritte des Lernens bietet, gelangt man je nach Ausgestaltung dieser Schritte zu unterschiedlichen Unterrichtskonzepten. Prange unterscheidet drei „Modelle“ und versucht zu zeigen, in welchen Stufen sie im Unterricht den obengenannten Verarbeitungsschritten folgen. Natürlich sind die Modelle in der konkreten Erscheinung möglicherweise extrem unterschiedlich – der Einstieg mag nur in der Aufforderung bestehen, das Buch auf Seite x aufzuschlagen, in einem Schülerexperiment usw. Aber gerade deshalb ist die Systematisierung Pranges hilfreich, weil sie den Vergleich ermöglicht, wie die gleiche Funktion entsprechend den Modellen unterschiedlich ausgefüllt werden kann – konkrete Beispiele finden sich z.B. bei Dietrich (1980). Auf dieser Basis ist dann auch eine begründete Diskussion darüber möglich, was man sich genau von dieser Vorgehensweise verspricht – weil der Vergleich die Nicht-Selbstverständlichkeit eines bestimmten Vorgehens deutlich macht.

Im Folgenden sollen zwei Beispiele vorgestellt werden: erziehender Unterricht im Sinne der Herbartianer und erlebnispädagogischer Unterricht. In beiden Fällen wird das Märchen vom Wolf und den sieben Geißlein behandelt.

6.1 Erziehender Unterricht der Herbartianer

Die Herbartianer verstanden sich als Schulreformer. Sie kritisierten den katechetischen Unterricht ihrer Zeit, in dem Schüler nur fertige Inhalte auswendig lernen mussten. Stattdessen forderten sie eine eigene Auseinandersetzung der Schüler mit den Inhalten. Sie sollten sie nicht als etwas Fertiges übernehmen, sondern selbst entwickeln. Und das sollte in einer Weise geschehen, die eine vielseitige, umfassende und nachhaltige Formung des „Gedankenkreises“ und letztlich ihres Charakters garantiert (vgl. Fromm 1987).

Formalstufen

Um eine gründliche Auseinandersetzung der Schüler mit einem Inhalt und am Ende die Durchbildung ihres Geistes und ihres Charakters zu erreichen, geht die schulische Arbeit und Erziehung von einem Konzept des Lernens aus. Ziller stellt sich das Lernen als Assoziationsprozess vor, als „eine Assimilierung des Aufzunehmenden an das bereits … Vorhandene“ ([2]1884, S. 263). Dabei unterscheidet er folgende Vorgänge:

Wird ein Mensch mit neuen Erfahrungen konfrontiert, sucht er zunächst nach Anknüpfungspunkten bei seinen bisherigen Erfahrungen (*Analyse*), um dann eine Beziehung zwischen alten und neuen Erfahrungen herzustellen (*Synthese*) (Verbindung ‚passender‘ Elemente der alten und neuen Vorstellungen, s.o.). Im nächsten Schritt wird dann durch den Vergleich von Erfahrungen hinsichtlich ihrer Gemeinsamkeiten und Unterschiede die neue Erfahrung auf den Begriff gebracht (*Assoziation*). Wenn dann das Wesentliche an der neuen Erfahrung, das über die Einzelerfahrung hinausweist, festgestellt ist (*System*), kann die Bewährung des jetzt erreichten Erfahrungsstandes im Handeln erfolgen (*Methode/Funktion*).

Nach Rein u.a. (1898, S. 123) zerfällt der Lernprozess in zwei „Hauptakte“:

„1. in die Gewinnung der Anschauungen, des konkreten Vorstellungsmaterials, und
2. in die Entwicklung des Begrifflichen aus dem anschaulichen Stoffe.“

Diesen Hauptakten (mit vor- und nachfolgenden Stufen) habe der Unterricht zu folgen:

> „Hiernach nimmt der Unterricht in jeder methodischen Lehreinheit folgenden Verlauf. Er hat zunächst das Ziel anzugeben und sodann:
> 1. durch eine Vorbesprechung das neue Pensum einzuleiten und vorzubereiten;
> 2. das Neue selbst darzubieten;
> 3. dasselbe unter sich und mit Älterem zu vergleichen und zu verknüpfen;
> 4. die begrifflichen Resultate abzuleiten und in systematischer Ordnung zusammenzustellen, und
> 5. das erlangte Wissen durch Anwendung in den Gebrauch überzuführen.“ (ebd. S. 124)

Rein u.a. (1898, S. 124) folgen in ihrer Stufenfolge der von Herbart und Ziller, verwenden aber andere Bezeichnungen, weil sie allzu „fremdartige" und „gelehrte" Begriffe vermeiden möchten (vgl. S. 155):

Tabelle 1: Formalstufen Vergleich div. Autoren

Theorie der formalen Stufen			
(Methodische Einheiten. Zielangaben: Haupt- und Teilziele)			
Pestalozzi, Dörpfeld Wiget	Herbart	Ziller, Vogt	Rein
Anschauen	Klarheit	Analyse	Vorbereitung
		Synthese	Darbietung
Denken	Assoziation	Assoziation	Vergleichung
	System	System	Zusammenfassung
Anwenden	Methode	Funktion/Methode	Anwendung

(Nach: Rein u.a. 1898, S. 155, in der Quelle allerdings dürfte ein Fehler vorliegen: Assoziation und System sind dort in der Reihenfolge vertauscht. Dieser Fehler ist hier korrigiert.)

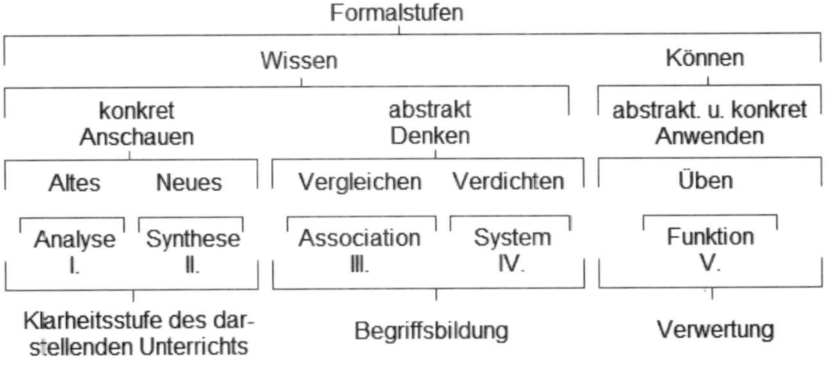

Abbildung 19: Formalstufen nach Rein
(Rein/Pickel/Scheller 1898, S. 151)

Im Folgenden die Planung (‚Präparation') einer Lehreinheit entsprechend den Formalstufen. Das Beispiel behandelt das Märchen vom Wolf und den sieben Geißlein und ist für den Gesinnungsunterricht im ersten Schuljahr in der Zeit zwischen Ostern und Pfingsten vorgesehen.

Die Präparation des Oberlehrers Lehmensick, die Rein u.a. (1898, S. 191ff.) wiedergeben, setzt nach der Präsentation des Märchens an und zeigt, wie in drei Zugängen (Mutter, Wolf, Geißen) die gewünschten Gesinnungsstoffe aus dem Märchen herausgearbeitet werden. Das Beispiel ist leicht ergänzt (Überschriften) und auf die erste Einheit beschränkt.

Ziel: Von einer Mutter. Die musste von ihren Kindern weggehen.

1. Einheit: Die Mutter

I Vorbereitung (Bei Rein u.a. nicht differenziert ausgeführt. Das Märchen muss jedenfalls bereits (vor-)gelesen und bekannt sein. M.F.)

Anknüpfung an die Erfahrung der Kinder) *Auch eure Mutter muß manchmal euch allein lassen.* Wann? Weshalb? Wo geht sie da hin? Wie spricht sie zu euch Kindern? *Aber diese Mutter war eine alte* Geiß. Sie geht nicht auf den Markt. Wohin? (In den Wald) Weshalb? Sie holt Gras, Blätter und Blumen. Für wen will sie das Futter holen? Doch für ihre hungrigen Kinder! In welchen Wald geht sie? Wie sagt sie beim Fortgehen? *Und sie sagt noch dazu: Hütet euch vor dem Wolf!* Warum? Er ist böse und will die Geißlein fressen. Was wird daher die Mutter den Kindern geraten haben? Laßt ihn nicht herein. Ihr erkennt ihn an seiner Stimme und seiner Pfote. Nämlich?

Zusammenfassung: *Wie die Mutter von den Geißlein fortgeht.*

„Mutter, wir haben Hunger", sagten die Geißlein. Da rief sie alle sieben herbei und sprach: „Ihr Kinder, ich will hinaus in den Wald, Futter holen. Laßt mir den Wolf nicht herein! Der frißt euch alle mit Haut und Haar. Ihr wißt doch: Er hat eine rauhe Stimme und schwarze Pfoten." Da sagten die Geißlein: „Hab nur keine Sorge, wir nehmen uns schon in acht." Da meckerte die Alte (ade!) und ging in den Wald und dachte: „Nun werden sie ihn nicht hereinlassen. Sie folgen ja immer."

II Darbietung

Ist die alte Geiß *eine gute Mutter?*

Sie geht doch von ihren Kindern fort? Ja, die Kinder haben Hunger. Das tat der Mutter leid. Sie geht deshalb fort und denkt: Ich muß doch für meine Kinder sorgen.

III Verknüpfung

a. *Eure Mutter ist* gewiß *auch* gut. Wie sorgt sie für euch? Sie kocht das Essen, sie näht die Kleider. Sie macht das Bett. Und der Vater? Er sorgt auch für uns Kinder. Er arbeitet den ganzen Tag auch für uns.

b. Aber wenn Vater und Mutter fortgegangen sind und ihr allein seid, müßt *ihr euch da nicht recht fürchten?* Recht Angst haben? Besonders wenn ihr allein im Finstern sitzt? O nein. Der liebe Gott schützt uns. Er sitzt oben im Himmel und schaut hernieder, daß uns ja kein Leid geschieht. Ob er die Kinder der Geiß wohl auch schützte?

IV Zusammenfassung/Ordnung

a. *Vater und Mutter sorgen für die Kinder.*

b. *Der liebe Gott beschützt uns* oder: Der liebe Gott sagt: Fürchte dich nicht, ich bin bei dir!

V Anwendung

Wie haben deine Eltern schon heute für dich gesorgt? (Früh geweckt, angekleidet, Kaffee gegeben, in die Schule geschickt.) Sieh alles an, was du mit in der Schule hast! Wieso erinnert es dich an die Sorge deiner Eltern? (Kleider, daß ich nicht friere, Brot, daß ich nicht hungere, Bücher, daß ich etwas lerne.) Ob der liebe Gott die Kinder bloß schützt, wenn sie allein zu Hause sind? Nein, auch auf dem Wege zur Schule. Auf dem Wege nach dem Markt. Auf dem Wege am Felsen. Auf allen Wegen. Wie beten wir am Abend? Müde bin ich, geh zur Ruh'. Und beim Schluß der Schule?

Auf allen unsern Wegen
Begleite uns dein Segen.

Die kursiv formatierten Sätze markieren die Hauptimpulse, mit denen der Lehrer die Bearbeitung steuern soll. „Im Einzelnen kann sich der Unterricht dann frei gestalten“ (Rein u.a. 1898, S. 192), sollte aber zu den vorgesehenen Ergebnissen führen.

Ein wesentliches Charakteristikum des erziehenden Unterrichts der Herbartianer ist die „Konzentration“, d.h. inhaltliche Abstimmung, des Fachunterrichts auf den Gesinnungsunterricht. Zeitgleich mit dem Gesinnungsunterricht zum Wolf und den Geißen sind in den anderen Fächern die folgenden Inhalte (Rein u.a. 1898, S. 354f.) vorgesehen (gekürzt):

Tabelle 2: Konzentrationstabelle der Herbartianer

Kunst-Unterricht	Zeichnen	Fensterscheibe, Tür, Wand, Fenster, Stuhl, Tisch
	Singen	Spiellied „Ein Kätzchen kommt gegangen“
Sprach-Unterricht		Vokale, Sprech- und Vorübungen, Mundstellungen usw.
Naturkunde		Stube als Schutz, Geiß als Spielgenosse, Wiese
Rechen-Unterricht	Nach Reihen	Einführung 1-10, Zählen mit Ordnungszahlen
	Nach Individuen	Eins und Zwei
Handarbeit		Stäbchenlegen: Nadel, Gartentisch, Uhrkasten, Tisch, Stuhl

Das Besondere der herbartianischen Pädagogik besteht darin, dass sie ausgehend von einem bestimmten Menschenbild und psychologischen Annahmen über Entwicklung und Lernen von Menschen jeden Aspekt des Schullebens bis ins Detail festlegt. In dieser umfassenden Form und mit der demonstrativen Gewissheit, planmäßig tugendhafte Menschen produzieren zu können, nimmt diese Pädagogik eine Ausnahmestellung ein.

Didaktisch betrachtet berücksichtigt dieses Unterrichtskonzept viele Faktoren, die den Unterricht beeinflussen, und versucht, mit ihnen begründet umzugehen. So wird etwa begründet, welchen Einfluss man Staat oder Familie zugestehen möchte, welche Inhalte man für unterrichtenswert hält, ob Strafen legitimierbare Erziehungsmittel sein können usw. Und es ist bemüht, ein stimmiges Gesamtkonzept des Lehrens und Lernens zu entwickeln. Darin, dass dies Konzept aber nicht nur als plausibel und stimmig, sondern als unabweisbar zwingend verstanden und präsentiert wurde, liegt das Problem. Anders formuliert: Es wird so getan, als bestünde zwischen pädagogischen Zielen, empirischen Befunden zum Lernen und konkreten Handlungsanweisungen für den Lehrer ein eindeutiges Ableitungsverhältnis. Am Ende steht dann, dass „Ein Kätzchen kommt gegangen“ gesungen werden *muss*, wenn der „Wolf und die Geißen“ Thema ist, weil sonst die erzieherische Wirkung verfehlt wird. Die Aussage „Im Einzelnen kann sich der Unterricht dann frei gestalten“ (Rein u.a. 1898, S. 192) ist sinngemäß zu lesen.

Auch heute lässt sich gegen einen Vermittlungsprozess, der sich an den Formalstufen orientiert, wenig sagen, wenn man die Inhalte aktuellen Erfordernissen anpasst, viel allerdings gegen die Allmachtsphantasien der Herbartianer und ihr technologisches Lehrverständnis.

6.2 Erlebnispädagogik

Der Anfang des 20. Jahrhunderts, vor allem die ersten zwei Jahrzehnte, wird häufig als Zeit der „Reformpädagogik“ bezeichnet und mit dem Slogan „Vom Kinde aus“ (Gläser 1920; vgl. Dietrich 1973) verbunden. Oelkers (1992) hat die Bezeichnung „Reformpädagogik“ für diese besondere historische Phase allerdings kritisiert, weil sich pädagogische Strömungen, egal welcher Zeit, typischerweise als reformerisch verstanden haben. Das galt auch, und mit einiger Berechtigung, für die gerade am Beispiel illustrierte Pädagogik der Herbartianer, die u.a. das simple Auswendiglernen der Katechese überwinden sollte (vgl. Fromm 1986). Insofern ist der nachträglich geprägte Begriff für die Reformmaßnahmen zu Beginn des vorigen Jahrhunderts irreführend. Die Rede von „der“ Reformpädagogik fördert zudem zwei weitere unzutreffende Vorstellungen. Erstens die eines gemeinsamen Konzepts, zumindest einer gemeinsamen Reformrichtung, wo tatsächlich eine Vielzahl unterschiedlichster Reformmaßnahmen festzustellen ist (vgl. z.B. Nohl [8]1978; Benner/Kemper 2003). Im Vergleich mit der Herbartianischen Pädagogik war diese Reformbewegung also extrem uneinheitlich, auch wenn unter den Herbartianern ebenfalls verschiedene Richtungen existierten, die sich z.T. erbittert bekämpften. Zweitens handelte es sich um eine zeitlich und in den einzelnen Aktivitäten lokal begrenzte Bewegung, die auf eine Pädagogik traf, die sich über ein halbes Jahrhundert breit etablieren konnte.

Wenn also im Folgenden ein erlebnispädagogisches Beispiel vorgestellt wird, kann es nicht in dem Maße als typisch für ‚die‘ Erlebnispädagogik gelten, wie das im oben vorgestellten Beispiel des erziehenden Unterrichts trotz aller internen Differenzen der Herbartianer der Fall war. Das ist im gegebenen Zusammenhang allerdings unproblematisch, weil es ohnehin nur um Beispiele für Unterrichtskonzepte geht.

Das folgende Unterrichtsbeispiel ist insofern besonders interessant, als es das gleiche Thema wie der oben dargestellte erziehende Unterricht der Herbartianer behandelt (vgl. dazu auch Dietrich [5]1980, S. 75ff.). Der

Grund dafür dürfte nicht nur in der allgemeinen Beliebtheit des Themas liegen, sondern auch darin, dass viele Reformpädagogen beruflich ja herbartianisch sozialisiert und geprägt waren und wesentliche Elemente der herbartianischen Pädagogik modifiziert beibehielten – Otto und Gaudig z.B. die Lerntheorie der Herbartianer (vgl. Fromm 1987). Und um andererseits die Abwendung von der kritisierten herbartianischen Pädagogik besonders augenfällig zu machen, eigneten sich natürlich gerade Themen der Herbartianer, um daran zu zeigen, was man anders machen wollte.

Zunächst ist es wichtig, das spezifische Verständnis des Begriffs „Erlebnis" zu erläutern. Er bezieht sich auf das Verständnis Diltheys, das er im Zusammenhang mit seiner Unterscheidung naturwissenschaftlicher und geisteswissenschaftlicher Methoden formuliert. Das Besondere der hermeneutischen, geisteswissenschaftlichen Methode besteht danach darin, dass sie Phänomene – und das sind hier Lebensäußerungen anderer Menschen – zu verstehen versucht. Und dieses Verstehen ist kein rein kognitiver Prozess, sondern zu einem wesentlichen Teil Nacherleben: Der Verstehende versetzt sich auf der Basis seiner eigenen Vorerfahrungen in die Erfahrungs- und Erlebniswelt eines Gegenüber und bemüht sich darum, dessen Erleben nachzuvollziehen. Damit ist (jedenfalls zu dieser Zeit) nicht das Nacherleben in der direkten Begegnung mit einer Person gemeint. Es geht hier vielmehr um Objektivationen des Erlebens anderer Personen, die es zu verstehen gilt. Das können schriftliche Äußerungen sein, im weiteren Sinne aber auch alle anderen (kulturellen) Zeugnisse.

Das hermeneutische Verfahren dieser Zeit ist in der Vergangenheit wiederholt als methodisch unzureichend präzisiert und damit für relativ willkürliche Vorgehensweisen und Interpretationen offen kritisiert worden.

Es ist entsprechend nicht verwunderlich, wenn in erlebnispädagogischen Texten nur vage erläutert wird, was man unter „Erleben" versteht und wie man es methodisch herbeiführen will. Das gilt ähnlich für Vorstellungen davon, welche Wirkungen man sich konkret von dem (Nach-) Erleben verspricht. Neubert (^{8}1970) differenziert das Ziel „Erziehung zum Erlebnisausdruck" nach „drei Seiten hin":

- Verfeinerung und Vervollständigung des Ausdrucks von Erlebnisinhalten.
- Bewusstere Herausarbeitung der eigenen individuellen Erlebnisform.
- Vertiefung des Erlebens. (S. 59)

Eine Begründung dafür, auf eine weitergehende Präzisierung der Ziele und Maßnahmen zu verzichten, besteht darin, dass man authentische Erlebnisse letztlich nicht künstlich herstellen, sondern immer nur anregende Bedingungen, „Hilfe zum Erlebnis", schaffen könne und wolle (ebd. S. 62).

Immerhin gibt es aber Gesichtspunkte, auf die bei der Planung des Unterrichts geachtet werden soll. So soll bei der Auswahl geeigneter Erlebnisse der Objekt- und der Subjektgehalt geprüft werden. Beim Objektgehalt geht es darum, dass nicht beliebige Erlebnisse angeregt werden, sondern solche, die ‚die' großen Grunderlebnisse systematisch abdecken. Die werden allerdings je nach Autor durchaus unterschiedlich festgelegt. Neubert (ebd. S. 62f.) nennt unter Berufung auf Karsen diese:

- Denkerlebnis
- Arbeitserlebnis
- Sittliches Erlebnis
- Künsterisches Erlebnis
- Erlebnis des Körpers

Damit das Erlebnis aber nicht nur relevant, sondern auch für das Kind verarbeitbar ist, muss der Subjektgehalt des Erlebnisses geprüft werden. Das geschieht, indem unter den folgenden Gesichtspunkten geprüft wird, ob das Erlebnis zur „Erlebnislage des Kindes" passt:

- Erlebnisstufe
- Erlebnisform
- Erlebnisstimmung

Während die ersten beiden Punkte eine entwicklungspsychologische Einschätzung verlangen, geht es beim dritten um die situative Angemessenheit. Diese Überlegungen liegen für das folgende Beispiel allerdings nicht vor. Dort wird gezeigt, in welchen Schritten das Märchen der sieben Geißlein im Unterricht behandelt wird.

Richard Seyfert: Der Wolf und die sieben jungen Geißlein

Diese Unterrichtseinheit ist für das 3. Schuljahr vorgesehen und umfasst 4-5 Stunden (vgl. Dietrich ^{5}1980, S. 75-79). Geübt werden soll Erfassendes Lesen.

I. Einstimmung

Während eines Unterrichtsganges begegnen Lehrer und Schüler zufällig einem Schäfer. Der Lehrer nutzt diese Gelegenheit, um das Märchen vom Wolf und den sieben Geißlein zu erzählen. „Als der Wolf jämmerlich im Brunnen ersoffen ist, brechen wir auf und wandern heim. Noch lange geht die Unterhaltung um gut und böse, um gescheit und dumm. „Ich hätte, – ich hätte – ich hätte –"."

II. Erarbeitung und III. Einarbeitung: Lesen und Darstellen
Am nächsten Tag werden die Beobachtungen während des Unterrichtsganges besprochen und vom Lehrer zu den Themen des kommenden Heimat- und Sprachunterrichts in Beziehung gesetzt: der Dorfbach, die Frühlingsblüher, die Landgrube usw.

Das Märchen vom Wolf und den sieben Geißlein wird noch einmal aufgenommen, abschnittweise von den besten Lesern unter den Schülern vorgelesen und dann in der Klasse besprochen. Diese Besprechung soll „verlebendigen, sie soll Personen und Lagen recht bildhaft sehen und verstehen lassen, sie soll Trauriges und Lustiges herausheben“ (ebd. S. 76). Diese Besprechung soll die Form einer Unterhaltung annehmen, die durch „kurze Hinweise“ des Lehrers in Gang gehalten wird:

> „Wie albern wirkt das zerpflückende Abfragen! Es hemmt die Gedankenführung und die Sprachentwicklung der Kinder. Freilich müssen die Kinder von frühauf an die Gesprächsform der Hinweise und Denkanstöße gewöhnt werden. Das erfordert bei Lehrer und Schüler Anstrengung und Zucht.“ (ebd. S. 77)

Ein Auszug aus diesem Gespräch:
„L. Aber ehe sie (Die Mutter, M.F.) geht, hat sie noch eine große Sorge auf dem Herzen.
K. Wenn nun der Wolf kommt!
L. Sie ruft alle herbei. Ausmalen!
K. Da steht die alte Geiß. Um sie her die 7 Kinder. Zuerst das große Geißlein. Dann werden sie immer kleiner. Zuletzt das Kleinste. So groß – zeigt mit der Hand.
L. Das Kleine kann gar nicht stillstehen.
K. Es bekommt einen Klaps.
L. Sie spricht die Ziegensprache.
K. Sie meckert (macht es vor).
L. Hier ist der Bösewicht! (Hängt das Bild vom Wolf vor der Klasse auf). Stimmt's, was die Ziegenmutter sagt?
K. Ja, schwarze Füße (Pfoten), großes Maul, lange, spitze Zähne, böser Blick.
L. Nun geht sie getrost zum Walde.
K. Sie hat's den Kindern gesagt.
L. Sie hat sie gewarnt.“
(ebd.)

Nach der Besprechung bekommt jeder Abschnitt des Märchens eine Überschrift, in diesem Fall „Die alte Geiß warnt ihre Kinder.“ Seyfert begründet diese Überschrift so:

> „Die Überschrift brauchen wir für unsere Darstellung. Zur Darstellung drängt die Geschichte, zur Darstellung drängen die Kinder. Darstellen ist kindertümlich und volkstümlich. Alle Stoffe, die mit heimlicher Dramatik gefüllt sind, hat das Volk von jeher mit naiver Freude an Mimik und Geste dargestellt. Und jedes unverbildete Kind liebt Verkleidung und Zwiegespräche, Bewegung und Gebärdenspiel. Schaffend lernen die Kinder in der szenischen Darstellung den Inhalt der Geschichte verstehen, lernen aber auch sich selbst, ihre Fähigkeiten und Grenzen kennen. Und der Lehrer erst recht.“ (ebd. S. 76)

In der von Seyfert wiedergegebenen Gesprächssequenz drängen allerdings nicht die Kinder auf eine Darstellung, sondern der Lehrer: „L. Das müssen wir gleich mal *spielen!* Gisela ist die alte Geiß. Große Begeisterung! Für die 7 Geißlein meldet sich beinahe die ganze Klasse.“ (ebd. S. 77)

Für diese Darstellung werden vor allem die Aspekte der Geschichte ausgewählt, „die Mienen- und Gebärdenspiel besonders herausfordern: Der Wolf springt herein. Die Mutter kommt heim. Der Wolf wacht auf und humpelt zum Brunnen“ (ebd. S. 78).

Zu Hause sollen die Schüler aufschreiben, was es im Haus für die Geißlein gab: „7 kleine Futterkrippen, 7 kleine Strohlager, 7 Glöckchen zum Ausgehen und so weiter“ (ebd. S. 78).

IV. Formale Verarbeitung

Am Ende der Unterrichtseinheit von 4-5 Stunden wird das Märchen von den Kindern aus unterschiedlichen Perspektiven erzählt:

> „Das kleine Geißlein erzählt seiner Mutter, was geschehen ist. Der Krämer erzählt seiner Frau, was eben im Laden los war. Ebenso der Bäcker, der Müller. Die alte Geiß erzählt der Nachbarin. (…) Die Kinder müssen sich in die Lage des Icherzählers versetzen.“ (ebd. S. 79)

An diese Unterrichtseinheit schließen sich andere Geschichten „vom dummen und gefräßigen Wolf“ an (ebd.).

Erkennbar sind die Schwerpunkte dieses Unterrichts andere als im zuvor dargestellten Unterricht der Herbartianer. Während es im erziehenden Unterricht darum geht, grundsätzliche sittliche Überzeugungen und Maßstäbe zu entwickeln (was ist gut, was böse), zielt der hier vorgestellte erlebnispädagogische Unterricht auf Selbsterfahrung. Die Kinder sollen „sich selbst, ihre Fähigkeiten und Grenzen" kennen lernen. In Seyferts Darstellung kommt zwar auch beiläufig vor, dass die Kinder sich nach der Erzählung des Märchens mit der Frage beschäftigen, was gut und böse ist, diese Frage wird aber nicht aufgegriffen.

Wenn man versucht, die beiden Konzepte in der Weise zu vergleichen, wie Prange es tut, werden Gemeinsamkeiten und Unterschiede noch deutlicher erkennbar.

Die Ausgangsstufe enthält in beiden Fällen die Präsentation des Märchens, im einen Fall aber im Zusammenhang mit einem Unterrichtsgang, im anderen Fall im Rahmen des Unterrichts. Dieser Unterschied ist bezeichnend für beide Konzepte: Wo für die Erlebnispädagogik die unmittelbare sinnliche Erfahrung wichtig ist, stehen die Herbartianer solchen Erfahrungen skeptisch gegenüber, weil in ihnen eine präzise Kontrolle der Schüler und Steuerung des Unterrichts erschwert oder unmöglich gemacht wird (vgl. Fromm 1987, S. 60).

Relativ ähnlich verläuft die Erweiterungsstufe, in der das Märchen schrittweise besprochen wird. In beiden Fällen lenkt der Lehrer das Gespräch auf die von ihm gewünschten Erträge hin. Die unterscheiden sich allerdings: Im einen Fall arbeitet der Lehrer auf zentrale ethische Fragen hin („Ist die Geiß eine gute Mutter?"), im anderen Fall auf Überschriften, die sich für eine szenische Darstellung des Märchens eignen (z.B. „Die alte Geiß warnt ihre Kinder.").

Deutlich unterschiedlich fällt dann der nächste Verarbeitungsschritt aus: Während der erziehende Unterricht durch systematische Verknüpfung die aktuelle Erfahrung in einen Kontext mit anderen Erfahrungen stellt, geht es im erlebnispädagogischen Unterricht nicht um gedankliche Klarheit, sondern emotionale Intensität und persönliche Evidenz. Dieser Unterschied setzt sich auf der nächsten Stufe fort. Zwar kann man in beiden Fällen eine Ablösung und Distanzierung von der konkreten Märchenerzählung feststellen. Das geschieht aber in gänzlich verschiedene Richtungen. Die Herbartianer fordern konvergentes Denken und die Einordnung des Einzelfalls in ein übergreifendes System. Die Erlebnispädagogen fordern dagegen mit dem Perspektivenwechsel divergentes Denken und verdeutlichen die Nicht-Selbstverständlichkeit der eigenen Sichtweise. Während die Herbartianer systematisieren und einordnen, stellen die Erlebnispädagogen solche Ordnungen eher in Frage. Entsprechend sind die Herbartianer auch auf der Anwendungsstufe um präzise Verknüpfungen bemüht, während die erlebnispädagogischen im Vergleich eher beliebig erscheinen.

Tabelle 3: Systematischer Vergleich verschiedener Unterrichtskonzepte

	Rein	Seyfert
Ausgangsstufe/ Einstimmung	Vorbereitung	Einstimmung
Erweiterungsstufe	Darbietung	Erarbeitung
	Vergleichung	Einarbeitung
Ergebnisstufe	Zusammenfassung	Formale Verarbeitung
Anschlussstufe	Anwendung	

Tabelle 4: Erziehender Unterricht und Erlebnispädagogischer Unterricht

	Rein	Seyfert
Ausgangsstufe/ Einstimmung	Vorlesen/Erzählen des Märchens, Klärung des Vorwissens/ eigener verwandter Erfahrungen	Erzählen des Märchens
Erweiterungsstufe	Besprechung des Märchens, z.B.: „Ist die Geiß eine gute Mutter?“	Besprechung des Märchens, Formulierung von Überschriften, z.B.: „Die alte Geiß warnt ihre Kinder.“
	Vergleich des Märchens mit eigenen Erfahrungen	Darstellen von Märchenszenen
Ergebnisstufe	Erarbeitung allgemeiner Erkenntnisse: z.B. „Vater und Mutter sorgen für ihre Kinder“	Erzählen des Märchens aus unterschiedlichen Perspektiven
Anschlussstufe	Anwendung der Erkenntnisse auf konkrete Situationen: z.B. „Wie haben deine Eltern schon heute für dich gesorgt?“	Andere Geschichten vom dummen und gefräßigen Wolf

Das Konzept des erziehenden Unterrichts im Sinne der Herbartianer ist in der Vergangenheit vor allem kritisiert worden, weil es nicht nur vollständige Kontrolle und Steuerung des Unterrichts anstrebte, sondern auch den Anspruch erhob, dies quasi-industriell mit sicherem Erfolg tun zu können. Wurde in der Kritik, wie Otto es formuliert hat, die „Überproduktion von Tugend“ (1903, S. 238) bezweifelt, stellte und stellt sich bei erlebnispädagogischem Unterricht die Frage, ob man noch von Unterricht sprechen sollte (vgl. Scharrelmann ^{5}1980. S. 63ff.), wenn die Anregung dominiert,

Strukturierung und Ergebnissicherung ungeklärt bleiben. Scharrelmanns Überzeugung, die Schülern lernten „wohl allerlei", wenn die Anschauung „lebenswahr" und „natürlich" dargeboten werde (ebd. S. 63), fordert eine gewisse Glaubensbereitschaft. Auch wer nicht Anhänger einer lernzielorientierten Didaktik ist, würde gern etwas genauer wissen, was sein Unterricht bewirkt.

Die hier vorgestellten Unterrichtskonzepte stellen in ihrer ausgeprägten Form Extreme des Spektrums dar. Unabhängig von ihrer diskussionsbedürftigen Wünschbarkeit scheitern beide in der praktischen Umsetzung. Der erziehende Unterricht erfordert extremen Planungs- und Koordinierungsaufwand und setzt pädagogisch bestens qualifizierte Lehrer voraus, die in ihrem Beruf aufgehen. Der erlebnispädagogische Ansatz mag dadurch attraktiv wirken, dass er erst einmal nur ein weites Herz und gute Absichten fordert, stößt aber spätestens dann an seine Grenzen, wenn die Schüler nicht nur ‚allerlei' gelernt, sondern bestimmte nachweisbare Kenntnisse und Fertigkeiten erlangt haben sollten.

Spätestens seit der sogenannten ‚Reformpädagogik', verstärkt nach der Bildungsreform der 70er Jahre des vorigen Jahrhunderts, besteht in der deutschsprachigen pädagogischen, mitunter auch erziehungswissenschaftlichen Literatur allerdings eine Neigung, den Eindruck einer planmäßigen Steuerung von Unterricht möglichst zu vermeiden. Eher wird betont, wie offen, ganzheitlich, handlungs- oder erlebnisorientiert, in neuer Zeit gern auch systemisch und konstruktivistisch man sich Unterricht vorstellt. Damit werden mitunter wohl vor allem Rat- und Planungslosigkeit geadelt, im schlimmeren Fall problematische Maßnahmen der Kritik entzogen.

7. Unterrichtsmethoden

Unterrichtsmethoden kommen als kleinere Einheit mit einer spezifischen Funktion innerhalb von Unterrichtskonzepten zur Anwendung, etwa ein Lehrervortrag, Partnerarbeit oder eine Schülerübung. Wie bereits angesprochen, gibt es auch hier keine einheitliche Begrifflichkeit. So ist z.B. von Techniken, Methoden, Arrangements die Rede (vgl. Peterßen [3]2009), von elementaren, komplexen und Großformen pädagogischen Handelns (vgl. Prange/Strobel-Eisele 2006). Und was einmal als Technik bezeichnet wird, heißt bei anderen Autoren oder sogar im gleichen Text Handlungsform, Methode oder Skill. Peterßen ([3]2009, S. 27) z.B. betont zunächst, dass es verschiedene Arten von Methoden gebe, nämlich Prinzipien, Methoden, Techniken usw., erläutert die Unterschiede und ebnet dann alles wieder als „Methode" ein, so dass es gewissermaßen ‚Technik-Methoden', ‚Methoden-Methoden' usw. gibt. Entsprechend enthält dann sein Methoden-Lexikon ‚Methoden', die vom „Einstieg" bis zum „Team Teaching" und zur „Übungsfirma" reichen. Während Peterßen mit seiner Sammlung auf 116 Methoden kommt, steht dem als anderes Extrem die Reduktion auf eine Grundform pädagogischen Handelns gegenüber, das „Zeigen" (vgl. Prange/Strobel-Eisele 2006). Das wird dann allerdings in Unterformen (ostensiv, repräsentativ, direktiv und reaktiv) aufgelöst bzw. in komplexere Formen (z.B. Spiel, Erlebnis) eingebunden.

Einigkeit besteht in der Literatur eigentlich nur darüber, dass man unterschiedlich komplexe Elemente der Organisation von Unterricht unterscheiden kann. Nicht dagegen darüber, wie man sie benennt und was man jeweils unter Komplexität versteht. Eine präzisere Bestimmung, die über die eingangs formulierte hinausgeht, ist allerdings für die folgenden Überlegungen auch entbehrlich, weil es hier um die Möglichkeiten und Grenzen einer begründeten Entscheidung für eine Methode gehen soll – unabhängig davon, ob es sich dabei schon um eine nicht mehr reduzierbare Minimaleinheit oder bereits um eine komplexere Form handelt, die noch weiter ausdifferenziert werden könnte.

Dass pädagogische Praktiker ein Interesse an sicherer Anleitung für ihr Unterrichtshandeln haben, ist verständlich, entsprechend auch der florierende Markt von Methodenbüchern seit der Aufklärung. Die Hoffnung auf verlässliche Methoden ist in der Vergangenheit auch durch Äußerungen wie die folgende von Pestalozzi gestützt und seither immer wieder neu belebt worden:

„Es gibt und kann nicht zwei gute Unterrichtsmethoden geben – es ist nur eine gut – und diese ist diejenige, die vollkommen auf den ewigen Gesetzen der Natur beruht“ (1978, S. 169).

Während Pestalozzis Briefe noch sehr stark von der Unsicherheit im alltäglichen pädagogischen Handeln geprägt sind und autobiographisch seine Suchprozesse nach dieser sicheren Methode dokumentieren, ist ein halbes Jahrhundert später bei den Herbartianern die Überzeugung erkennbar, diese Gesetze ausreichend zu kennen. Es erscheint jetzt auch möglich, ein „einziges, allgemein gültiges, völlig angemessenes Verfahren“ (Ziller 1865, S. 177) für den Unterricht anzugeben. Dieser Optimismus war nach dem Verständnis der Herbartianer wissenschaftlich fundiert. Dieser Anspruch auf Seriosität und die konkrete Umsetzung in detailliert ausgearbeiteten Präparationen für die gesamte Schulzeit dürfte wesentlich zum Erfolg des Herbartianismus in der Schulpraxis beigetragen haben.

In der neueren Zeit hat die empirische Erziehungswissenschaft im Sinne Brezinkas technologisches Wissen (vgl. z.B. ⁴1978, S. 7f.) in Aussicht gestellt, und aktuell nähren die Neurowissenschaften, jedenfalls so, wie sie öffentlich dargestellt und rezipiert werden, wieder diese Hoffnung (vgl. Herrmann ²2009).

Dieser immer wieder auch durch empirisch arbeitende Wissenschaftler geförderten Erwartung der Praktiker steht die wissenschaftstheoretisch-methodologisch begründete Skepsis gegenüber, solchen Erwartungen irgendwann einmal entsprechen zu können. Bereits Trapp, der in seinem „Versuch einer Pädagogik“ (1780) eine stärker empirische Ausrichtung der Pädagogik fordert, warnt deutlich vor der Überschätzung der Aussagesicherheit auf empirischer Basis. Zunächst sagt er zwar:

„... wenn wir die gehörige Anzahl richtig angestellter Beobachtungen und zuverlässiger Erfahrungen hätten, so könnten wir ein richtiges und vollständiges System der Pädagogik schreiben, dergleichen bisher nicht vorhanden ist und auch nicht sein kann; und wenn wir das System geschrieben hätten, so könnten wir die öffentliche Erziehung und den Schulunterricht auf einen solchen Fuß setzen, daß nichts daran zu ändern und zu bessern übrig bliebe.“ (1913, S. 33)

Das klingt sehr nach einem System zuverlässiger Methoden, ist aber ganz und gar nicht so gemeint, wie die folgende Passage zeigt:

> „Kann man aber … Grundsätze der Erziehung festsetzen und ein System dieser Kunst ausführen? Ja, aber keine Grundsätze, die nicht vielleicht einer näheren Bestimmung, einer Einschränkung oder Erweiterung bedürften; kein System, das nicht seine Lücken und Mängel hätte, wenn sie gleich nicht sichtbar sind." (ebd. S. 34)

Neuzeitlicher formuliert: Lehr-/Lernforschung informiert grundsätzlich nicht über die Wirksamkeit einer Methode in der spezifischen Situation mit all ihren besonderen Bedingungen, in der sie zur Anwendung kommen soll.

In der aktuellen Literatur, die die empirischen Befunde zu Methodenwirkungen sichtet (vgl. z.B. Meyer ²2004; Terhart 2009; Weinert 1997), besteht darüber Einigkeit, dass sich eine situationsinvariante Wirksamkeit bestimmter Methoden nicht belegen lässt.

Danach wäre dann kurz festzustellen, dass es die von Praktikern gewünschten sicheren Methoden nicht gibt und wohl auch nicht geben wird. Methodische Entscheidungen im Unterricht bleiben Entscheidungen unter Unsicherheit. Entsprechend wäre zu fragen, wie ein professioneller Umgang mit dieser Ungewissheit aussehen kann. Zunächst drei problematische Formen:

Anything goes

Diese erste Variante geht der Frage, wann welche Unterrichtsmethode sinnvoll sein kann und wie sich ihr Einsatz begründen lässt, aus dem Weg. Sie sammelt unbekümmert, was es gibt und überlässt die Beurteilung und Entscheidung dem Nutzer. Vielleicht noch mit dem allgemeinen Hinweis, man müsse sich schon noch Gedanken machen, warum man welche Methode einsetzen wolle. Im günstigen Fall erhält der Nutzer auf diesem Weg Anregungen und Informationen zu Methoden, die über die gängigen und vertrauten hinausgehen. Im ungünstigen Fall wird er zu planlosen Spielereien im Sinne der von Feyerabend (1986) kritisierten Maxime „anything goes" animiert.

An sich gut

Während der erstgenannte Zugang das große Spektrum der Möglichkeiten aufzeigt und dem Nutzer die Entscheidung überlässt, verengt der zweite das Spektrum extrem und nimmt dem Nutzer die Entscheidung ab. In diesem Zugang wird quasi als selbstverständlich unterstellt, dass man etwas so und nicht anders macht. Das Problem: Methoden werden aus einem sinnstiftenden Kontext gelöst und ohne Bezug zu einem spezifischen Ziel als ‚an sich' gut behandelt.

Postman und Weingartner (1972) sehen unter pädagogischen Praktikern die Neigung, losgelöst über Maßnahmen ohne Begründung zu reden, als so verbreitet an, dass das Abwegige dieses Zugangs schon niemandem mehr auffällt. Sie haben daher einmal die Darstellung verfremdet und ein fiktives Gespräch in einem Ärzteteam entworfen, das in seiner Art nach Einschätzung der Autoren typisch für viele Pädagogengespräche ist:

> „Stellen Sie sich die folgende Szene vor: Im Allgemeinen Krankenhaus von Blear versammelt Dr. Gillupsie einige der jungen ansässigen Chirurgen um sich. Sie sind daran, ihre wöchentliche Besprechung der in den letzten Tagen durchgeführten Operationen zu beginnen. Gillupsie nickt Jim Kildear zu und deutet damit an, dass seine Fälle zuerst diskutiert werden sollen:
> Gillupsie: Na, Jim, was hast du diese Woche angestellt?
> Kildear: Nur eine einzige Operation. Ich habe dem Patienten von 412 die Gallenblase entfernt.
> G: Was für Beschwerden hatte er?
> K: Beschwerden? Keine. Ich glaube, dass es von Natur aus richtig ist, die Gallenblase zu entfernen.
> G: Von Natur aus richtig?
> K: Ich meine an sich richtig. Ich rede über das Entfernen von Gallenblasen qua Entfernen von Gallenblasen.
> G: Ach so, Sie meinen das Entfernen von Gallenblasen *per se*!
> K: Genau, Chef. Das Entfernen seiner Gallenblase hat einen inneren Wert. Wie wir sagen, war es richtig um seiner selbst willen.
> G: Großartig, Jim. Wenn es etwas gibt, das ich hier in Blear nicht zulassen werde, dann ist es ein Chirurg, der bloß praktisch ist. Was wartet die nächste Woche auf Sie?
> K: Zwei frontale Lobotomien.
> G: Ich nehme an, frontale Lobotomien qua frontale Lobotomien?
> K: Was sonst denn?
> G: Wie steht es mit Ihnen, Dr. Fuddy? Was haben Sie diese Woche gemacht?
> F: War sehr beschäftigt. Vier Exzisionen pilodinaler Zysten.
> G: Ich wußte gar nicht, dass wir so viele Fälle haben.
> F: Haben wir auch nicht, aber wie Sie wissen, mag ich diese Exzisionen. Es war mein Hauptgebiet in der Ausbildung, wissen Sie.
> G: Natürlich, ich habe es ganz vergessen. Ich erinnere mich jetzt daran, dass die Aussicht auf die Exzisionen pilodinaler Zysten Sie zur Medizin gebracht hat, war es nicht so?

F: Das ist richtig, Chef. Ich war schon immer daran interessiert. Offen gestanden habe ich für Blinddarmoperationen nie viel übrig gehabt.

G: Blinddarmoperationen?

F: Nun ja, das scheint das Problem des Patienten in 397 gewesen zu sein.

G: Aber Sie bleiben doch bei der alten Exzision der pilodinalen Zyste, wie?

F: Genau, Chef.

G: Gute Arbeit, Fuddy. Ich weiß, wie es um Sie steht. Als junger Mann war ich äußerst interessiert an Hysterektomien.

F: (kichert) Ein bisschen schwierig bei Männern, nicht wahr, Chef?

G: Na ja (wiehert). Sie wären jedoch überrascht, wenn Sie sehen würden, was ein guter Chirurg ausrichten kann. (wird ernst) Nun, Carstairs, wie stehen die Dinge?

C: Ich glaube, ich habe einiges Pech gehabt, Dr. Gillupsie. Keine Operation diese Woche, aber drei von meinen Patienten sind gestorben.

G: Gut, da werden wir etwas unternehmen müssen, nicht wahr? Woran sind sie gestorben?

C: Ich bin nicht sicher. Gillupsie, aber ich habe jedem von Ihnen genug Penicillin gegeben.

G: Aha, das übliche Verfahren, „an sich richtig", nicht wahr, Carstairs?

C: Nun ja, nicht ganz, Chef. Ich dachte einfach, das Penicillin würde ihnen helfen wieder gesund zu werden.

G: Weswegen haben Sie sie behandelt?

C: Nun, jeder von ihnen war ziemlich krank, Chef, ich weiß, daß Penicillin kranke Menschen wieder gesund macht.

G: Natürlich tut es das, Carstairs. Ich glaube, dass Sie richtig gehandelt haben.

C: Und die Todesfälle, Chef?

G: Schlechte Patienten, mein Sohn, schlechte Patienten. Ein guter Arzt kann bei schlechten Patienten nichts ausrichten. Ein gutes Medikament kann bei schlechten Patienten genauso wenig ausrichten.

C: Ich habe aber trotzdem ein ungutes Gefühl, dass sie vielleicht kein Penicillin brauchten, sondern etwas anderes.

> G: Unsinn! Mit Penicillin kann bei guten Patienten nichts schiefgehen. Wir wissen das alle. Ich würde mir darüber nicht den Kopf zerbrechen, Carstairs.“ (S. 66ff.)

Hier wird die ganze Zeit über Maßnahmen ‚an sich‘ geredet, ohne irgendeinen Gedanken daran zu verschwenden, was man überhaupt erreichen will. In pädagogischen Kontexten geht es im Unterschied zu dieser konstruierten Besprechung unter Ärzten dann darum, ob man auf dem Schulhof eine Tischtennisplatte aufstellt, Gruppenarbeit einsetzt oder den Unterricht fragend-entwickelnd durchführt.

Gerade wegen der Alltäglichkeit dieses Vorgehens, bei dem Methoden von Zielen abgelöst werden, fällt es kaum noch auf und muss in dieser grotesken Weise überzeichnet werden.

Empirische Scheinklarheiten

Weil es ‚die‘ Methode, etwa ‚den‘ Lehrervortrag oder ‚das‘ Rollenspiel, losgelöst von einem spezifischen Kontext nicht gibt, ist das Reden über eine Methode ‚an sich‘ wenig sinnvoll. Denn ein Lehrervortrag kann nicht nur je nach konkreter Ausgestaltung sehr unterschiedlich ausfallen, der Einsatz bezogen auf die jeweiligen Ziele sehr unterschiedlich plausibel sein, sondern in Abhängigkeit von den Kontextbedingungen auch sehr verschiedene Effekte haben. Was in Klasse 8a in der ersten Stunde wunschgemäß wirkt, ist in der vierten Stunde in der Klasse 9c erfolglos usw. Die Wirkung ‚klebt‘ nicht an der Methode.

Entsprechend unbefriedigend sind daher die Versuche ausgefallen, die Wirkung bestimmter Methoden empirisch nachzuweisen – weil diese Wirkung mit den jeweiligen Randbedingungen erheblich variiert (s.o.). Terhart stellt dazu knapp fest, man müsse konstatieren, „dass die Erforschung der Wirkung *einzelner* Unterrichtsmethoden sich überlebt hat“ (2009, S. 190). Wenn empirische Lehr-/Lernforschung berücksichtigt, dass „eigentlich alle persönlichen Merkmale und Merkmalsunterschiede der Schüler lernrelevant“ sind (Weinert 1997, S. 51) und ihre Untersuchungen entsprechend differenziert, produziert sie zunehmend entgegen der eigenen Programmatik (möglichst allgemeingültige, technologisch nutzbare Gesetzesaussagen) mehr Fragen als Antworten.

Erstaunlich ist nun, dass in der Literatur, die das Scheitern solcher Wirkungsstudien feststellt (z.B. Meyer ^{2}2004; Terhart 2009; Weinert 1997), im nächsten Schritt Aussagen darüber gemacht werden, welche Wirkungen von „Merkmalen guten Unterrichts und lernwirksamer Verhaltensweisen von Lehrern“ durch eine größere Anzahl von Untersuchungen bestätigt werden konnten (Terhart 2009, S. 188). Wie passt das zusammen?

Zunächst zur Grundlage solcher Aussagen: Wie grundsätzlich bei Sekundäranalysen empirischer Einzeluntersuchungen, die einen Überblick über den Forschungsstand geben wollen, sichten die Autoren die einschlägigen Arbeiten zum jeweiligen Thema und vergleichen die Befunde. Das Problem besteht dabei in der Heterogenität der Arbeiten, die verglichen werden. Typischerweise unterscheiden sie sich darin, wie sie das jeweilige Thema konkretisieren (operationalisieren), welche Versuchspersonen sie untersuchen, mit welchen Methoden sie das tun usw.

Das Problem, das sich beim Versuch ergibt, derart verschiedene Untersuchungen zu vergleichen, wird in der Forschungsmethodik unter der Überschrift „operationale Definition" behandelt. Kriz (1981, S. 120ff) weist dabei auf einen wichtigen Unterschied zwischen naturwissenschaftlicher und sozialwissenschaftlicher empirischer Forschung hin: Kennzeichnend für operationale Definitionen in der naturwissenschaftlichen Forschung ist nach Kriz, dass nicht nur Operationen angegeben werden, wie das in Frage stehende Phänomen erfasst werden kann, sondern zusätzlich Transformationsregeln existieren, wie die Ergebnisse, die mit einer konkreten Operationalisierung gewonnen wurden, mit denen verglichen werden können, die mit Hilfe anderer Operationen zustande gekommen sind. Die Messung einer Strecke in cm kann also beispielsweise mit einer in inch verglichen werden – und die Aussagen über den untersuchten Gegenstand sind i.d.R. unabhängig von der gewählten Operation. Für sozialwissenschaftliche Untersuchungen gilt das aber nach Kriz i.d.R. nicht:

> „So könnte man in einer Untersuchung das Ausmaß der Aggressivität z.B. durch die Anzahl von ausgeteilten Schlägen, durch Erfassung der Gestikulation auf einer Skala, durch Registrierung physiologischer Variablen etc. operationalisieren (und damit beobachten und messen); und es ist weitgehend unklar, wie diese unterschiedlichen Operationalisierungen derselben theoretischen Größe zusammenhängen." (S. 122)

Gesten lassen sich eben nicht einfach in Schläge oder physiologische Messwerte umrechnen. Solche Vergleiche und Transformationen werden aber notwendigerweise in empirischen Sekundäranalysen zu pädagogischen Fragen durchgeführt, die über den Forschungsstand informieren wollen – ohne allerdings deutlich zu machen, dass es sich dabei in Ermangelung von klaren und akzeptierten (Transformations-)Regeln um kreative Deutungen luftigster Art handelt. Die Orientierungssicherheit für das pädagogische Handeln, die mit den einzelnen empirischen Untersuchungen fraglich wird und verschwindet, entsteht jetzt auf wundersame Weise als Ergebnis intuitiver Zusammenschau. Dass bei der Gesamtbeurteilung der empirischen Einzelbefunde Phantasie in nicht unbeträchtlichem Maße bemüht wird, ist, weil unvermeidbar, nicht zu kritisieren, wohl aber, wenn sie verschwiegen und der Anschein einer Aussagesicherheit suggeriert wird, von der man wissen kann, dass sie nicht existiert.[19]

Im Umgang mit der Ungewissheit der Wirkungen pädagogischen Handelns sind die drei genannten Verfahrensweisen aus unterschiedlichen Gründen problematisch, allerdings auch unterschiedlich mit professionellem pädagogischem Handeln kompatibel.

Der Zugang des „anything goes" ist durch weitgehend reflexionsfreies Herumprobieren charakterisiert. Man macht, was irgendwie interessant wirkt, sich gerade gut anfühlt oder kurzfristig die Schüler beeindruckt. In der extrovertierten Variante tendiert dieser Zugang zur „Gag-Didaktik" (Prange 1986, S. 174), in der introvertierten Variante genügt vielleicht schon, dass sich die ‚Lehr'person als authentisch erlebt. Beide Varianten sind aber in ihrem Verzicht auf zweckgerichtet diszipliniertes Handeln gleichermaßen unprofessionell.

Der „an sich gut"-Zugang zeichnet sich durch seinen empiriefreien Dogmatismus aus: „Das macht man so! Basta!" Vielleicht noch mit dem irreführenden Zusatz, das habe sich so bewährt, man habe damit gute Erfahrungen gemacht. Irreführend deshalb, weil damit eine kritische empirische Prüfung des methodischen Vorgehens suggeriert wird, tatsächlich aber vor allem tiefe Überzeugungen und private Evidenzerlebnisse zählen. Diese Glaubensbekenntnisse mögen traditionell barsch oder neuzeitlich eher watteweich gefühlig formuliert sein, ihr Problem besteht in der Überzeugung, einen bevorzugten Zugang zur Wirklichkeit zu haben, der auf wissenschaftliche Empirie verzichten kann. Wenn z.B. in neueren Veröffentlichungen von „hands on" oder „Kopf, Herz und Hand" die Rede ist, wird die Frage, was das im jeweiligen Fall konkret bedeutet und was man sich davon im Blick auf welche Ziele warum verspricht, üblicherweise gar nicht erst gestellt. Traditionell ist diese empirische Genügsamkeit für didaktische oder grundsätzlicher pädagogische Konzepte durchaus typisch. Bereits von Beginn einer eigenständigen Pädagogik an (vgl. z.B. Trapp 1780/1913) gibt es aber auch immer wieder Versuche, diesen Zustand zu überwinden.

---

19 Das gilt auch für die zahlreichen Aussagen über guten Unterricht, die sich angeblich aus den PISA-Studien ableiten lassen. Die PISA-Studien geben aber nur Auskunft über Leistungen zu einem bestimmten Zeitpunkt, nicht darüber, was zu diesen Leistungen geführt hat. Versuche, diese Leistungen korrelativ zu den in den Studien ebenfalls erfassten Rahmenbedingungen (Klassengrößen usw.) in Beziehung zu setzen, führen vor allem zu der Erkenntnis, dass es sehr unterschiedliche Lehr-/Lernbedingungen gibt, unter denen vergleichbare Leistungen erbracht werden (vgl. z.B. Weinert 1997, S. 52).

Jahrzehntelange massiv geförderte empirische pädagogische (und psychologische) Forschung hat allerdings diese Beweise nicht nur nicht erbringen können, sondern zunehmend auch gezeigt, dass wenig Anlass besteht, darauf in Zukunft noch zu hoffen. Und die oben beschriebenen Versuche, interpretativ mehr Sicherheit herzustellen, als man auf der verfügbaren empirischen Basis nach nachvollziehbaren Regeln haben kann, mögen zwar auf die beruhigend wirken, die sichere Verfahrensregeln erhoffen, sind aber methodologisch nicht überzeugend – auch wenn die Produktion derartiger interpretativer Artefakte verbreitete Praxis ist.

Dass empirische Forschung nicht die sicheren Vorgaben für pädagogisches Handeln liefert, die man sich erhofft, muss nun aber nicht zwangsläufig bedeuten, dass man machen kann, was man will. Es ist allerdings wohl kaum zuverlässig zu zeigen, dass und wie viel sicherer methodische Entscheidungen werden, wenn sie sich auch auf empirische Untersuchungen stützen. Dazu trägt das notwendig nur ansatzweise transparent regelgeleitete Verfahren bei. Erstens ist es erforderlich, die jeweiligen empirischen Spezialbefunde probeweise zu verallgemeinern, ihren Geltungsbereich also zu ‚überdehnen'. Man muss also gewisse Besonderheiten der Untersuchungsbedingungen quasi ignorieren, z.B. das Alter der Versuchspersonen oder den Schultyp. Die Frage ist nur, welche das sein dürfen. Und man muss die Befunde zweitens auf der Basis von Alltagswissen und darauf aufbauenden Plausibilitätserwartungen ergänzen. Wieder ist die Frage, welche Aspekte des Alltagswissens relevant sind, was plausible Erwartungen sind, was überzogene Spekulationen.

Ob man nun von Phantasie, Intuition oder im Anschluss an Herbart von „Takt" redet: Es geht darum, was man nicht sicher wissen kann, durch intelligentes Mutmaßen zu ergänzen. Dafür, wie man das machen sollte, kann man vielleicht noch grundsätzliche Verfahrensschritte formulieren, nicht aber dafür, wie letztlich welche Informationen zu gewichten und zu beurteilen sind. Das bedeutet aber nicht zwangsläufig, dass die Qualität solcher Entscheidungen, die nicht unwesentlich auch vorbewusste Prozesse einschließen, unzulänglich ist (vgl. Gigerenzer 2007).

Ein Beispiel: balloon debate

In einem Seminar sollten Lehramtsstudierende jeweils eine 10-15 minütige Lehreinheit vorbereiten und durchführen. Es ging dabei vor allem um eine klare Strukturierung der Einheit. Eine Gruppe bereitete eine sogenannte „balloon debate" vor. Dabei sollte es darum gehen, die Lernenden zu freien Äußerungen in englischer Sprache zu veranlassen. Die Rahmengeschichte, deshalb „balloon": Die Lernenden befinden sich in einem Heißluftballon, der dramatisch an Höhe verliert. Der verfügbare Ballast ist bereits abgeworfen, so dass zur Sicherung des Überlebens der Ballonfahrer nur noch die Möglichkeit besteht, ein Gruppenmitglied über Bord zu werfen. Die Gruppenmitglieder sollen nun in englischer Sprache darlegen, warum sie selbst unverzichtbar sind und nicht über Bord geworfen werden sollten. Am Ende wird dann darüber abgestimmt, wer den Korb verlassen muss.

Wenn man die Entscheidung darüber, ob bzw. wann dies eine geeignete Methode für das Fremdsprachenlernen ist, durch wissenschaftliche empirische Befunde absichern wollte, müssten zunächst Untersuchungen vorliegen, die unter vergleichbaren Bedingungen gewonnen wurden: Sprache, Thema, Merkmale der Lernenden (Alter, Geschlecht, sprachlicher Kenntnisstand, kultureller Hintergrund, Zusammensetzung der Ballongruppe und der Klasse, Vertrautheit mit derartigen Rollenspielen). Diese Einflussvariablen könnten noch vermehrt werden. Aber auch so ist bereits erkennbar, dass es Befunde, die sich 1:1 auf die geplante Verwendungssituation übertragen lassen, nicht geben kann. Es ist ebenso offensichtlich, dass von Lehrern nicht erwartet werden kann, dass sie diese Untersuchungen kennen und in ihrer Qualität und Aussagekraft beurteilen können. Dies umso mehr, als in diesem Fall ja nicht nur die Befunde zum Fremdsprachenlernen, sondern auch die zu den initiierten sozialen Prozessen in einer exponierten Konfliktsituation und deren Einfluss auf die intendierten Lernprozesse zu beachten sind.

Schließlich ist nicht erkennbar, wie überhaupt die Wirkung dieser Methode überprüft werden könnte, weil ja der Ablauf jeweils von den beteiligten Schülern entscheidend gestaltet wird, so dass es keine zwei auch nur annähernd gleiche Durchführungen dieses Rollenspiels geben wird. Die vorgegebene Situation ist zwar gleich, wie die Schüler mit dem vorprogrammierten Konflikt aber umgehen, ist jeweils offen.

Das Fehlen tragfähiger empirischer Daten, die die Beurteilung der Methode exakt in der vorgesehenen Verwendungssituation ermöglichen, bedeutet aber nicht, dass man nichts wissen kann und die Methode einfach einmal ausprobieren muss. Selbst wenn man mit einschlägigen sozialpsychologischen Untersuchungen nicht vertraut ist, sollte auf der Basis des Alltagswissens klar sein, dass hier eine Konkurrenzsituation geschaffen wird, die mit dem öffentlichen Scheitern eines Schülers endet, für das dann zudem die anderen Schüler die Verantwortung tragen. In einem anderen Kontext, etwa einem Assessment Center, in dem das Verhalten von Bewerbern in Konfliktsituationen überprüft werden soll,[20] mag das akzep-

20 Eine vergleichbare, bekannte Übung aus solchen Anwendungskontexten ist z.B. die Dienstwagen-Übung, bei der Mitarbeiter um einen neuen Dienstwagen konkurrieren (Antons 1973, S. 149ff.). Aber selbst dort wird die subjektive Bedrohlichkeit durch Rollenvorgaben gemildert, die eine Distanzierung vom Verhalten in der Gruppensituation ermöglichen.

tabel oder sogar gewollt sein. Im gegebenen Fall aber ist zu fragen, warum das freie Sprechen in einer Fremdsprache in einer potentiell massiv belastenden sozialen Konfliktsituation stattfinden soll, in der Schüler öffentlich abgewertet werden. Zwar lässt sich, wie beim Fremdsprachenlernen, weder eine Beeinträchtigung der Schüler noch die Unbedenklichkeit der Situation sicher prognostizieren. Es gibt aber keinen erkennbaren legitimen Grund, dieses Risiko zu Lasten der Schüler einzugehen.

Auch wenn weder verlässliche empirische Untersuchungen zu wahrscheinlichen Wirkungen der in diesem Beispiel vorgesehenen Methode vorliegen noch detaillierte Daten zur geplanten Anwendungssituation, ist erkennbar ein reflektierterer Umgang mit dieser Methode möglich, als er in diesem Fall im Seminar stattgefunden hat. Auf der Basis der hier vorgestellten didaktischen Modelle hätten die Studierenden sich u.a. die folgenden Fragen stellen können:

Im Sinne der bildungstheoretischen Didaktik hätte eine genauere Zielbestimmung unter der Frage erfolgen können, für welche zukünftigen Anwendungskontexte die Übung freier Artikulation in der Fremdsprache lohnend sein könnte.

Die lernzielorientierte Didaktik hätte Anregungen geben können, die angestrebte Kompetenz zu präzisieren – und auch die Überfrachtung mit zusätzlichen Schwierigkeiten, wie hier geschehen, zu vermeiden.

Die lehr-/lernzielorientierte Didaktik hätte im günstigen Fall u.a. zu der Frage geführt, wie weit das hier gewählte Verfahren unter diesen sozialen Randbedingungen in einem angemessenen Verhältnis zu den verfolgten Intentionen steht.

Und die konstruktivistische Didaktik hätte mit Trapp (1780/1913) formuliert, der durchaus schon eine Erkenntnistheorie vertritt, die heute konstruktivistisch genannt würde, an die „Veränderlichkeit unserer Vorstellungen und Empfindungen und die Verschiedenheit des einen Menschen von dem andern“ (S. 140) erinnern können.

> „Jedes Ding ist das, was es ist. Aber was dieses Was nun ist, das weiß ein jeder nur durch seine individuelle Art zu denken und zu empfinden.“ (ebd. S. 138)

Es sei deshalb notwendig, nie aufzuhören, die Kinder zu beobachten und mit ihnen zu sprechen, um sie (immer wieder neu) kennen zu lernen.

Die vorangegangenen Überlegungen haben allerdings gezeigt, dass dort, wo sich die Reflexion auf empirische Daten stützen müsste, um begründet zwischen verschiedenen Methoden zu wählen, der Umgang mit Ungewissheit erforderlich ist. Das gilt nicht nur für die Befunde wissenschaftlicher empirischer Untersuchungen, die grundsätzlich nur sehr eingeschränkt den Besonderheiten der jeweiligen Anwendungssituation gerecht werden. Das gilt auch, daran erinnert Trapp, für die Beobachtungen des pädagogischen Praktikers. Die sind genauso situationsspezifisch und historisch wie die wissenschaftlichen. Wenn sich der Lehrer auf der Basis verschiedener Erfahrungen ein Bild von einem Schüler macht, abstrahiert er ebenso, jedenfalls prinzipiell, von der jeweils besonderen Situation, vereinfacht und generalisiert, wie das ein Wissenschaftler bei der Sekundäranalyse empirischer Untersuchungen tut. Und er ist weiter zu Vereinfachungen gezwungen, wenn er über eine Methode entscheiden soll, die nicht nur für einen einzelnen Schüler, sondern die gesamte Klasse hinreichend geeignet ist.

Henningsen beschreibt die Zielsetzung seines Buches „Erfolgreich manipulieren. Methoden des Beybringens" (1974) so:

> „Der Leser dieses Buches soll verschiedene Instrumente ‚sehen' und trainiert werden im Reflektieren über *mögliche* Wirkungen, indem er ein Instrument jeweils aus einem situativen Zusammenhang heraus auslegt auf ein Lernziel. Mehr ist nicht drin." (S. 128)

Mehr ist nicht drin. Diese Ungewissheit bereitet aber die Bühne für Vereinfacher aller Art, die mit Moderatoren- und Methodenkoffer, ultimativen Rezepten und Medienspielzeug der neuesten Generation den Eindruck vermitteln, alles könne ganz einfach, effektiv und dabei auch noch lustig sein – und didaktisches Denken sei, sorry, leider nicht mehr state-of-the-art.

Wer sich dennoch etwas professionelle Reflexion zumuten will, findet hier Anregungen:

Becker, G. E./Bilek, R./Clemens-Lodde/Köhl, K. (1976): Unterrichtssituationen I-III. München/Berlin/Wien (Urban & Schwarzenberg).
Becker, G. E./Clemens-Lodde, B./Köhl, K. (1976): Unterrichtssituationen III. München/Berlin/Wien (Urban & Schwarzenberg).
Henningsen, J. (1974): Erfolgreich manipulieren – Methoden des Beybringens. Ratingen/Kastellaun/Düsseldorf (Henn).
Meyer, H. (1987): UnterrichtsMethoden, I: Theorieband. Frankfurt a.M. (Scriptor).
Meyer, H. (1987): UnterrichtsMethoden, II: Praxisband. Frankfurt a.M. (Scriptor).
Prange, K./Strobel-Eisele, G. (2006): Die Formen des pädagogischen Handelns. Stuttgart (Kohlhammer).

8. Literatur

Antons, K. (1973): Praxis der Gruppendynamik. Göttingen (Hogrefe).

Bannister, D. & Fransella, F. (1981): Der Mensch als Forscher (Inquiring Man) – Einführung in die Theorie der persönlichen Konstrukte. Münster (Aschendorff).

Baruk, S. (1989): Wie alt ist der Kapitän? Über den Irrtum in der Mathematik. Basel.

Beckedorff, R. (Hrsg.) (1825): Jahrbücher des preußischen Volks-Schulwesens. Berlin.

Becker, G. E., Bilek, R.,Clemens-Lodde, B. u.a. (1976). Unterrichtssituationen I. München/Berlin/Wien (Urban & Schwarzenberg).

Becker, G. E., Clemens-Lodde, B. & Köhl, K. (1976): Unterrichtssituationen II. München/Berlin/Wien (Urban & Schwarzenberg).

Becker, G. E./Clemens-Lodde, B. & Köhl, K. (1976): Unterrichtssituationen III. München/Berlin/Wien (Urban & Schwarzenberg).

Benner, D./Kemper, H. (2003): Theorie und Geschichte der Reformpädagogik. Teil 1: Die pädagogische Bewegung von der Aufklärung bis zum Neuhumanismus. 2. Aufl. Weinheim/Basel (Beltz).

Benner, D. & Kemper, H. (2003): Theorie und Geschichte der Reformpädagogik. Teil 2: Die pädagogische Bewegung von der Jahrhundertwende bis zum Ende der Weimarer Republik. Weinheim, Basel (Beltz).

Bernfeld, S. (1973): Sisyphos oder die Grenzen der Erziehung. Frankfurt a.M. (Suhrkamp).

Binet, A. (1927): Die neuen Gedanken über das Schulkind. 2. durchges. u. erg. Aufl. Leipzig (Wunderlich).

Blankertz, H. (1980): Theorien und Modelle der Didaktik. 11. Aufl. München (Juventa).

Brezinka, W. (1977): Grundbegriffe der Erziehungswissenschaft. 3. verb. Aufl. München (Reinhardt).

Brezinka, W. (1978): Metatheorie der Erziehung: eine Einführung in die Grundlagen der Erziehungswissenschaft, der Philosophie der Erziehung und der praktischen Pädagogik. München, Basel (Reinhardt).

Brumlik, M. & Amos, S. K. (2007): Vom Missbrauch der Disziplin: Antworten der Wissenschaft auf Bernhard Bueb. Basel (Beltz).

Comenius, J. A. (1978): Orbis sensualium pictus. Dortmund (Harenberg).

Diederich, J. (1988): Didaktisches Denken. Eine Einführung in Anspruch und Aufgabe, Möglichkeiten und Grenzen der Allgemeinen Didaktik. Weinheim, München (Juventa).

Dietrich, T. (Hrsg.) (1973): Die pädagogische Bewegung ‚Vom Kinde aus'. 3. erw. Aufl. Bad Heilbrunn (Obb.) (Klinkhardt).

Dietrich, T. (Hrsg.) (1980): Unterrichtsbeispiele von Herbart bis zur Gegenwart. 5. verb. Aufl. Bad Heilbrunn (Obb.) (Klinkhardt).

Dietrich, T. & Klink, J. (1972): Zur Geschichte der Volksschule. Bd. 1: Volksschulordnungen 16.-18. Jahrhundert. 2. erw. u. verb. Aufl. Bad Heilbrunn (Obb.) (Klinkhardt).

Dilthey, W. (1971): Schriften zur Pädagogik. Paderborn (Schöningh).

Fend, H. (1974): Gesellschaftliche Bedingungen schulischer Sozialisation. Weinheim, Basel (Beltz).
Feyerabend, P. (1986): Wider den Methodenzwang. Frankfurt a.M. (Suhrkamp).
Fromm, M. (1980): Soziales Lernen in der Gesamtschule – Aspekte einer handlungsorientierten Konzeption. Frankfurt a.M., Bern, Cirencester (Lang).
Fromm, M. (1986): Lehrplan, heimlicher. Enzyklopädie Erziehungswissenschaft Bd. 3: Ziele und Inhalte der Erziehung und des Unterrichts. Stuttgart (Klett-Cotta), S. 524-528.
Fromm, M. (1987): Die Sicht der Schüler in der Pädagogik – Untersuchungen zur Behandlung der Sicht von Schülern in der pädagogischen Theoriebildung und in der quantitativen und qualitativen empirischen Forschung. Weinheim (Deutscher Studien Verlag).
Gehlen, A. (1961): Anthropologische Forschung. Reinbek (Rowohlt).
Gigerenzer, G. (2007): Bauchentscheidungen. München (C. Bertelsmann).
Gläser, J. (Hrsg.) (1920): Vom Kinde aus. Hamburg, Braunschweig (Westermann).
Glöckel, H. (1992): Vom Unterricht. Lehrbuch der Allgemeinen Didaktik. Bad Heilbrunn (Obb.) (Klinkhardt).
Gudjons, H., Teske, R. & Winkel, R. (Hrsg.) (1980): Didaktische Theorien. Hamburg (Bergmann u. Helbig).
Hartig, M. (Hrsg.) (1973): Selbstkontrolle – Lerntheoretische und verhaltenstheoretische Ansätze. München, Berlin, Wien (Urban & Schwarzenberg).
Hartmann, B. (1910): Die Analyse des kindlichen Gedankenkreises als naturgemäße Grundlage des ersten Schulunterrichts. 5. durchges. u. erg. Aufl. Frankfurt a.M., Leipzig (Kesselringsche Hofbuchhandlung).
Heiland, H. (Hrsg.) (1968): Didaktik. Bad Heilbrunn (Obb.) (Klinkhardt).
Heimann, P. (1965): Didaktik 1965. In: Heimann, P., Otto, G. & Schulz, W. (Hrsg.): Unterricht – Analyse und Planung, Hannover (Schroedel), S. 7-12.
Heimann, P. (1976): Didaktik als Theorie und Lehre. In: Reich, K. & Thomas, H. (Hrsg.): Paul Heimann – Didaktik als Unterrichtswissenschaft. Stuttgart (Klett), S. 142-167.
Heimann, P. (1976): Didaktische Grundbegriffe. In: Reich, K. & Thomas, H. (Hrsg.): Paul Heimann – Didaktik als Unterrichtswissenschaft. Stuttgart (Klett), S. 103-141.
Heimann, P., Otto, G. & Schulz, W. (1965): Unterricht – Analyse und Planung. Hannover (Schroedel).
Hein, G. E. (1998): Learning in the Museum. London [u.a.] (Routledge).
Henningsen, J. (1974): Erfolgreich manipulieren – Methoden des Beybringens. Ratingen, Kastellaun, Düsseldorf (Henn).
Hentig, H. v. (1973): Schule als Erfahrungsraum. Stuttgart (Klett).
Hentig, H. v. (1999): Bildung. Weinheim (Beltz).
Herbart, J. F. (1976): Allgemeine Pädagogik aus dem Zweck der Erziehung abgeleitet. 5. Aufl. Bochum (Kamp).
Herndon, J. (1972): Die Schule überleben. Stuttgart (Klett).
Herrmann, U. (2002): Wie lernen Lehrer ihren Beruf? Weinheim, Basel (Beltz).
Herrmann, U. (2009): Neurodidaktik. 2. erw. Aufl. Weinheim, Basel (Beltz).
Hilgard, E. R. & Bower, G. H. (1971): Theorien des Lernens. 2. Aufl. Stuttgart (Klett).
Hiller, G. G. (1970): Konstruktive Didaktik. Tübingen (Diss.).

Humboldt, W. v. (1982): Der Königsberger und der Litauische Schulplan. Wilhelm v. Humboldt. Werke in 5 Bänden. Darmstadt (Wissenschaftliche Buchgesellschaft), S. 168-195.
Hüske, H. (1973): Erfahrungen als Tutor in einer 8. Jahrgangsstufe. In: Keim, W. (Hrsg.): Gesamtschule – Bilanz ihrer Praxis, Hamburg (Hoffmann & Campe), S. 360-369.
Humboldt, W. v. (1985): Wie weit darf sich die Sorgfalt des Staates um das Wohl seiner Bürger erstrecken? In: Menze, C. (Hrsg.): Wilhelm von Humboldt – Bildung und Sprache, 4. durchgeseh. Aufl., Paderborn (Schöningh).
Jackson, P. W. (1973): Was macht die Schule? – Die Lebenswelt des Schülers. In: betrifft: erziehung, S. 18-22.
Jank, W. & Meyer, H. (1991): Didaktische Modelle. Frankfurt a.M. (Cornelsen Scriptor).
Kant, I. (1963): Ausgewählte Schriften zur Pädagogik und ihrer Begründung. Paderborn (Schöningh).
Kant, I. (1997): Was ist Aufklärung? In: Baumgart, F. (Hrsg.): Erziehungs- und Bildungstheorien, Bad Heilbrunn (Obb.) (Klinkhardt), S. 39-40.
Kästner, E. (1972): Ansprache zum Schulbeginn. In: Michels, V. (Hrsg.): Unterbrochene Schulstunde. Frankfurt a.M. (Suhrkamp), S. 233-237.
Kelly, G. A. (1991): The Psychology of Personal Constructs. Volume One: A Theory of Personality. London/New York (Routledge).
Kiper, H. & Mischke, W. (2004): Einführung in die Allgemeine Didaktik. Weinheim, Basel (Beltz).
Klafki, W. (1970): Studien zur Bildungstheorie und Didaktik. 19. Aufl. Weinheim, Berlin, Basel (Beltz).
Klafki, W. (1980): Die bildungstheoretische Didaktik im Rahmen kritisch-konstruktiver Erziehungswissenschaft. In: Gudjons, H., Teske, R. & Winkel, R. (Hrsg.): Didaktische Theorien. Hamburg (Bergmann u. Helbig), S. 11-28.
Klink, J. (1974): Klasse H7E. Bad Heilbrunn (Obb.) (Klinkhardt).
König, E. & Zedler, P. (1998): Theorien der Erziehungswissenschaft. Weinheim (Deutscher Studien Verlag).
Kounin, J. S. (1976): Techniken der Klassenführung. Stuttgart (Huber/Klett).
Krathwohl, D. R., Bloom, B. S. & Masia, B. B. (1975): Taxonomie von Lernzielen im affektiven Bereich. Weinheim, Basel (Beltz).
Kriz, J. (1981): Methodenkritik empirischer Sozialforschung: eine Problemanalyse sozialwissenschaftlicher Forschungspraxis. Stuttgart (Teubner).
Kron, F. W. (2008): Grundwissen Didaktik. 5. überarb. Aufl. München, Basel (Reinhardt).
Krüssel, H. (1993): Konstruktivistische Unterrichtsforschung: der Beitrag des wissenschaftlichen Konstruktivismus und der Theorie der persönlichen Konstrukte für die Lehr-/Lernforschung. Frankfurt a.M. (Lang).
Lehner, M. (2009): Allgemeine Didaktik. Bern, Stuttgart, Wien (Haupt).
Leontjew, A. N. (1973): Probleme der Entwicklung des Psychischen. Frankfurt a.M. (Fischer Athenäum).
Litt, T. (1965): Pädagogik und Kultur. Bad Heilbrunn (Klinkhardt).
Mahoney, M. J. (1977): Kognitive Verhaltenstherapie – Neue Entwicklungen und Integrationsschritte. München (Pfeiffer).

Mahoney, M. J. & Thoresen, C. E. (1974): Self-Control: Power to the Person. Monterey (Calif.) (Brooks/Cole).
Martial, I. v. (2002): Einführung in didaktische Modelle. 2. überarb. Aufl. Hohengehren (Schneider).
Meighan, R. (1978): A Pupil's Eye View of Teaching Performance. In: Educational Review, (30. Jg.), S. 125-137.
Memmert, W. (1980): Didaktik in Grafiken und Tabellen. 2. Aufl. Bad Heilbrunn (Klinkhardt).
Menck, P. (2006): Unterricht – Was ist das? Norderstedt (Books on Demand).
Menck, P. (2010): Naturwissenschaften – Was bieten sie der Didaktik? In: Schlüter, S. & Langewand, A. (Hrsg.): Neurobiologie und Erziehungswissenschaft, Bad Heilbrunn (Obb.) (Klinkhardt), S. 13-21.
Meyer, H. (1980): Leitfaden zur Unterrichtsvorbereitung. Königstein (Ts.) (Scriptor).
Meyer, H. (1987): UnterrichtsMethoden, I: Theorieband. Frankfurt a.M. (Scriptor).
Meyer, H. (1987): UnterrichtsMethoden, II: Praxisband. Frankfurt a.M. (Scriptor).
Meyer, H. (1997): Schulpädagogik. Band I: Für Anfänger. Berlin (Cornelsen Scriptor).
Meyer, H. (1997): Schulpädagogik. Band II: Für Fortgeschrittene. Berlin (Cornelsen Scriptor).
Meyer, H. (2004): Was ist guter Unterricht? 2. durchges. Aufl. Berlin (Cornelsen/ Scriptor).
Meyer, M. A. (2009): Perspektiven der Didaktik. Wiesbaden (VS).
Möller, C. (1976): Technik der Lernplanung. 5. Aufl. Weinheim, Basel (Beltz).
Möller, C. (1980): Die curriculare Didaktik. In: Gudjons, H., Teske, R. & Winkel, R. (Hrsg.): Didaktische Theorien. Hamburg (Bergmann u. Helbig), S. 62-77.
Montessori, M. (1922): Mein Handbuch. Grundsätze und Anwendung meiner neuen Methode der Selbsterziehung der Kinder. Stuttgart (Hoffmann).
Muth, J. (1962): Pädagogischer Takt. Monographie einer aktuellen Form erzieherischen und didaktischen Handelns. Heidelberg (Quelle & Meyer).
Neill, A. S. (1969): Theorie und Praxis der antiautoritären Erziehung – das Beispiel Summerhill. Reinbek (Rowohlt).
Neubert, W. (1970): Methodik des Erlebnisausdrucks – Methodik des nacherlebenden Verstehens – Die Erlebnismethode – Der Erlebnisunterricht. In: Geißler, G. (Hrsg.): Das Problem der Unterrichtsmethode in der pädagogischen Bewegung, 8. Aufl., Weinheim, Berlin, Basel (Beltz), S. 58-66.
Nohl, H. (1959): Charakter und Schicksal – Eine pädagogische Menschenkunde. 5. Aufl. Frankfurt a.M. (Schulte-Bulmke).
Nohl, H. (1978): Die pädagogische Bewegung in Deutschland und ihre Theorie. 8. unveränd. Aufl. Frankfurt a.M.
Oelkers, J. (1992): Reformpädagogik: Eine kritische Dogmengeschichte. 2. Aufl. Weinheim, München (Juventa).
Otto, B. (1903): Beiträge zur Psychologie des Unterrichts. Leipzig.
Otto, B. (1908): Kindesmundart. Berlin.
Otto, B. (1963): Die Spracherziehung (1929). Berthold Otto: Ausgewählte pädagogische Schriften, Paderborn (Schöningh), S. 202-231.
Peddiwell, J. A. (1974): Das Säbelzahncurriculum. Stuttgart (Klett).

Pestalozzi, J. H. (1978): Wie Gertrud ihre Kinder lehrt und Ausgewählte Schriften zur Methode. 2. verb. Aufl. Paderborn (Schöningh).
Petersen, P. (1965): Der kleine Jena-Plan. 46. Aufl. Weinheim, Basel (Beltz).
Peterßen, W. H. (2001): Lehrbuch allgemeine Didaktik. München (Oldenbourg).
Petrat, G. (1979): Schulunterricht – Seine Sozialgeschichte in Deutschland 1750 bis 1850. München (Ehrenwirth).
Postman, N. & Weingartner, Ch. (1972): Fragen und Lernen. Die Schule als kritische Anstalt. Frankfurt a.M. (März).
Prange, K. (1986): Bauformen des Unterrichts. 2. durchgeseh. Aufl. Bad Heilbrunn (Obb.) (Klinkhardt).
Prange, K. & Strobel-Eisele, G. (2006): Die Formen des pädagogischen Handelns: eine Einführung. Stuttgart (Kohlhammer).
Ramseger, J. (1991): Was heißt ‚durch Unterricht erziehen'? Erziehender Unterricht und Schulreform. Weinheim, Basel (Beltz).
Reich, K. (2008): Konstruktivistische Didaktik. 4. durchges. Aufl. Weinheim, Basel (Beltz).
Reich, K. (2010): Systemisch-konstruktivistische Pädagogik: Einführung in die Grundlagen einer interaktionistisch-konstruktivistischen Pädagogik. 6. Aufl. Basel (Beltz).
Rein, W., Pickel, A. & Scheller, E. (1898): Das erste Schuljahr. 6. Aufl. Leipzig (Bredt).
Robinsohn, S. B. (1969): Bildungsreform als Revision des Curriculum. 2. durchges. Aufl. Neuwied, Berlin (Luchterhand).
Rogers, C. R. (1974): Lernen in Freiheit – Zur Bildungsreform in Schule und Universität. München (Kösel).
Rousseau, J. (1972): Emil oder über die Erziehung. Paderborn (Schöningh).
Rumpf, H. (1986): Die künstliche Schule und das wirkliche Lernen. München (Ehrenwirth).
Russell, B. (1967): Probleme der Philosophie. Frankfurt a.M. (Suhrkamp).
Sacher, W. (2000): Schulische Medienarbeit im Computerzeitalter. Grundlagen, Konzepte und Perspektive. Bad Heilbrunn (Klinkhardt).
Scharrelmann, H. (1980): Die Butterblume. In: Dietrich, T. (Hrsg.): Unterrichtsbeispiele von Herbart bis zur Gegenwart, 5. verb. Aufl. Bad Heilbrunn (Obb.) (Klinkhardt), S. 58-69.
Schleiermacher, F. D. (1964): Die Vorlesungen aus dem Jahre 1826. In: Lichtenstein, E. (Hrsg.): Schleiermacher: Ausgewählte pädagogische Schriften. Paderborn (Schöningh), S. 36-243.
Schlüter, S. & Langewand, A. (2010): Neurobiologie und Erziehungswissenschaft. Bad Heilbrunn (Klinkhardt).
Schulz, W. (1965): Unterricht – Analyse und Planung. In: Heimann, P., Otto, G. & Schulz, W. (Hrsg.): Unterricht – Analyse und Planung, Hannover (Schroedel), S. 13-47.
Schulz, W. (1970): Aufgaben der Didaktik. In: Kochan, D. C. (Hrsg.): Allgemeine Didaktik. Fachdidaktik. Darmstadt (Wissenschaftliche Buchgesellschaft), S. 403-440.
Schulz, W. (1980): Die lehrtheoretische Didaktik. In: Gudjons, H., Teske, R. & Winkel, R. (Hrsg.): Didaktische Theorien, Hamburg (Bergmann u. Helbig), S. 29-46.

Schwenk, B. (1963): Das Herbartverständnis der Herbartianer. Weinheim (Beltz).
Seyfert, R. (1980): Der Wolf und die sieben Geißlein. In: Dietrich, T. (Hrsg.): Unterrichtsbeispiele von Herbart bis zur Gegenwart, 5. verb. Aufl. Bad Heilbrunn (Obb.) (Klinkhardt), S. 75-79.
Skinner, B. F. (1968): The Technology of Teaching. Englewood Cliffs (New Jersey) (Prentice-Hall).
Spranger, E. (1965): Das Gesetz der ungewollten Nebenwirkungen in der Erziehung. Heidelberg (Quelle & Meyer).
Sünkel, W. (2007): Die Reflexion der Erziehungswissenschaft auf ihre eigene Wissenschaftlichkeit – Theoriegeschichtliche Anmerkungen zu Comenius, Schleiermacher und Aloys Fischer. In: Kraft, V. (Hrsg.): Zwischen Reflexion, Funktion und Leistung: Facetten der Erziehungswissenschaft. Bad Heilbrunn (Klinkhardt), S. 13-19.
Terhart, E. (1978): Interpretative Unterrichtsforschung. Stuttgart (Klett-Cotta).
Terhart, E. (1981): Intuition-Interpretation-Argumentation. Zum Problem der Geltungsbegründung von Interpretationen. In: Zeitschrift für Pädagogik, (27. Jg.), S. 769-795.
Terhart, E. (1999): Konstruktivismus und Unterricht. In: Zeitschrift für Pädagogik, Nr. 4 (45. Jg.), S. 629-647.
Terhart, E. (2002): Fremde Schwestern. Zum Verhältnis von Allgemeiner Didaktik und empirischer Lehr-Lern-Forschung. In: Zeitschrift für Pädagogische Psychologie, Nr. 2 (16. Jg.), S. 77-86.
Terhart, E. (2009): Didaktik. Stuttgart (Reclam).
Thoresen, C. E. & Mahoney, M. J. (1974): Behavioral Self-Control. New York (Holt, Rinehart & Winston).
Trapp, E. C. (1913): Versuch einer Pädagogik. Leipzig (Koehler).
Thomae, H. & Feger, H. (1969): Hauptströmungen der neueren Psychologie. Stuttgart (Huber).
Vollbrecht, R. (2001): Einführung in die Medienpädagogik. Weinheim, Basel (Beltz).
Watzlawick, P. (1976): Wie wirklich ist die Wirklichkeit? Wahn – Täuschung – Verstehen. München (Piper).
Watzlawick, P. (Hrsg.). (1985): Die erfundene Wirklichkeit. Beiträge zum Konstruktivismus. München (Piper).
Watzlawick, P., Beavin, J. H. & Jackson, D. D. (1974): Menschliche Kommunikation. Formen, Störungen, Paradoxien. Bern, Stuttgart, Wien (Huber).
Weinert, F. E. (1997): Notwendige Methodenvielfalt. Friedrich Jahresheft 1997. Seelze (Friedrich), S. 50-52.
Wellendorf, F. (1982): Anmerkungen zu einer vergessenen Aufgabe erziehungswissenschaftlicher Forschung. In: König, E. & Zedler, P. (Hrsg.): Erziehungswissenschaftliche Forschung: Positionen, Perspektiven, Probleme. Paderborn, München (Schöningh/Fink), S. 196-217.
ZEIT- Redaktion Zeit/Leben (29/2000): „Das erste Mal in echt". S. 4.
Zerrenner, C. C. G. (1826): Grundsätze der Schuldisziplin für Schulaufseher, Lehrer und Schullehrer-Seminarien. Magdeburg (Heinrichshofen).
Zifreund, W. (Hrsg.) (1976): Training des Lehrverhaltens und Interaktionsanalyse. Weinheim, Basel (Beltz).
Ziller, T. (1856): Einleitung in die allgemeine Pädagogik. Leipzig (Teubner).

Ziller, T. (1857): Die Regierung der Kinder. Leipzig (Teubner).
Ziller, T. (1864): Eine Skizze der pädagogischen Reformbestrebungen in der Gegenwart nach Herbartschen Grundsätzen. In: Zeitschrift für exacte Philosophie, (IV. Jg.), S. 1-25.
Ziller, T. (1865): Grundlegung zur Lehre vom erziehenden Unterricht. Leipzig (Pernitzsch).
Ziller, T. (1884): Allgemeine Pädagogik. Leipzig (Matthes).
Ziller, T. (1886): Materialien zur speziellen Pädagogik des ‚Leipziger Seminarbuches'. Dresden (Bleyl & Kämmerer).
Ziller, T. (1965): Die Theorie der formalen Stufen des Unterrichts. Heidelberg (Quelle & Meyer).
Zinnecker, J. (Hrsg.) (1975): Der heimliche Lehrplan. Weinheim, Basel (Beltz).

Abbildungsverzeichnis

Tabellenverzeichnis

Fachdidaktische Forschungen
herausgegeben vom Vorstand der Gesellschaft für Fachdidaktik (GFD)

Band 1

Horst Bayrhuber, Ute Harms, Bernhard Muszynski, Bernd Ralle, Martin Rothgangel, Lutz-Helmut Schön, Helmut J. Vollmer, Hans-Georg Weigang (Hrsg.)

Empirische Fundierung in den Fachdidaktiken

2011, 280 Seiten, br., 29,90 €
ISBN 978-3-8309-2448-7

Dieser Band gibt detaillierte Einblicke in verschiedene fachdidaktische Forschungsprojekte und zeigt auf, welches zurzeit wichtige Fragestellungen in den einzelnen Fachdidaktiken sind, mit welchen Verfahren und Methoden sie angegangen werden und wie die Ergebnisse zu beurteilen sind.

Es werden empirische Studien aus dem gesamten Spektrum der universitären Fachdidaktik vorgestellt und deren Ergebnisse diskutiert. Der Band eignet sich daher für einführende Veranstaltungen in die Fachdidaktik ebenso wie für forschungsorientierte Seminare und Veranstaltungen innerhalb und außerhalb der Ausbildungsinstitutionen.

WAXMANN
Münster · New York · München · Berlin

Fachdidaktische Forschungen
herausgegeben vom Vorstand der Gesellschaft für Fachdidaktik (GFD)

Band 2

Horst Bayrhuber, Ute Harms,
Bernhard Muszynski, Bernd Ralle,
Martin Rothgangel, Lutz-Helmut Schön,
Helmut J. Vollmer, Hans-Georg Weigang
(Hrsg.)

Formate Fachdidaktischer Forschung

Empirische Projekte – historische Analysen – theoretische Grundlegungen

2012, 342 Seiten, br., 39,90 €
ISBN 978-3-8309-2679-5

Als Wissenschaft des fachbezogenen Lehrens und Lernens einer fachlichen Disziplin decken die Fachdidaktiken traditionell ein breites Spektrum von Forschungszugängen ab, von einer rein deskriptiven Grundlagenforschung aus psychologischer, pädagogischer oder soziologischer Perspektive bis hin zur unmittelbar praxisrelevanten Entwicklungsforschung mit empirischer und theoretischer Fundierung. Dieser Band zeigt das Spektrum fachdidaktischer Forschung am Beispiel unterschiedlicher Fachdisziplinen.

WAXMANN
Münster · New York · München · Berlin